삶은 도서관

삶은 도서관

인자 산문

싱긋

프롤로그

프라이드 에이징, 깊어져가는 삶을 위하여

 공공도서관에서 일한 지 벌써 6년째다. 늘 유행을 좇으며 긴장 속에 살던 광고 홍보 일을 그만두고 나니, 전혀 다른 빛깔의 시간이 내 앞에 펼쳐졌다. 내가 도서관에서 제2의 인생을 살게 되리라고는, 그땐 꿈에도 몰랐다.
 돌이켜보면 인생은 늘 예상치 못한 곳으로 나를 이끌었다. 열여덟 살 때, 친구와 무작정 서울 강변역에서 버스를 탄 적이 있다. 버스는 수십 개 정거장을 지나 경기도의 어느 낯선 종점에 우리를 토해내듯 내려놓았다. 기세 좋은 초록만 무성하던 그곳이 훗날 내가 남편을 만나고 삶의 터전으로 삼을 도시가 되리라고는 짐작조차 못 했다.

일터 또한 마찬가지였다. 학창 시절의 도서관은 내게 엉덩이로 버텨야 하는 인내의 장소일 뿐이었다. 고요를 지키는 성직자처럼 보였던 도서관 직원이 매력적으로 다가온 적도 없었다. 하지만 마흔 중반, 나는 바로 그 도시의 도서관에 닻을 내렸다. 한때 무심히 스쳐지나갔던 풍경과 지루하게만 보였던 공간이 역설적이게도 내 중년의 가장 든든한 좌표가 된 것이다.

도서관 공무직에 합격했을 때도 이미 중년이었지만, 어느덧 세월이 흘러 더 깊어진 중년이 되니 몸이 더 예전 같지 않다. 이용자가 찾아달라는 책 제목을 들을 때는 귀에 안테나라도 세운 듯 집중하지 않으면 몇 글자씩 틀리기 일쑤고, 다초점 안경 없이는 눈도 제 역할을 하지 못한다.

하지만 그런 신체적인 노화는 이제 큰 문제가 되지 않는다. 몸의 감각이 무뎌지는 대신, 마음의 감각이 놀랍도록 섬세해졌기 때문이다. 중년의 귀는 소리 너머의 마음을 듣고, 중년의 눈은 '마음의 렌즈'를 한 겹 덧

대어 세상을 본다. 나이가 들수록 오히려 더 잘 보이고 더 잘 들리는 것이 많다는 사실을, 나는 도서관에서 매일같이 깨닫는다. 이를테면 대출대에 놓인 책 목록이 한 사람의 '인생 서사'처럼 읽힐 때가 있다. 이것이야말로 나이듦이 내게 선물한 소중한 사유이자 통찰이다.

젊었을 땐 무심히 지나쳤던 그 모든 순간이, 중년이 된 나는 자꾸만 더 알고 싶어졌다. 어쩌면 늙어간다는 것은 표정만으로 마음을 읽고, 감탄사 하나로 한 사람의 생을 어림하는 진짜 초능력자가 되어가는 과정일지도 모른다. 나는 나이듦이 선물한 이 놀라운 감각에 '프라이드 에이징(Pride Aging)'이라는 이름을 붙여주기로 했다. 늙음을 부정하는 대신, 자기 존재를 존중하며 깊어질 용기를 응원하는 마음이다.

이 감각들이 피어나자, 내 안에서 무언가 쓰고 싶다는 본성이 꿈틀거렸다. 오늘 기록하지 않으면 영원히 사라질 도서관의 풍경들, 침묵 속에 가두기엔 너무나 생생히 펄떡이는 이야기들이 자꾸만 나를 등 떠밀었다. 젊은 날 치열하게 얻어낸 눈에 보이는 성과와는 비교할 수 없는 행복감이었다.

어쩌다보니 쉬는 날에도 도서관에 와서 글을 쓰는 사람이 되었다. 이 책에 담긴 이야기들은 결코 나 혼자만의 것이 아니다. 지난 6년간 함께한 동료들의 눈길과 손길, 더 나은 도서관을 만들기 위해 고군분투하는 사서들, 그리고 도서관의 존재 이유가 되어주는 수많은 이용자의 발걸음이 모여 비로소 완성된 이야기다.

'알 수 없는 인생'이라는 버스가 다음에 또 나를 어디에 내려놓을지는 모르겠다. 하지만 두렵지 않다. 예전보다 단단하고 유연해진 마음의 엔진이 내 삶을 꾸준히 앞으로 나아가게 할 테니까. 이 책이 세상에 나와, 우리 모두의 깊어지는 삶을 응원하는 '프라이드 에이징'의 작은 증거가 되었으면 좋겠다.

차례

프롤로그 | 프라이드 에이징, 깊어져가는 삶을 위하여 · 004

1부 웃음의 서가

'젓가락 살인'은 우리 도서관에 없습니다 · 013

도서관 이모의 고백 · 020

오배열된 '용지호'를 찾습니다 · 026

민원은 똥병상련 · 032

책 봉합의 달인, 응급 닥터 허 · 037

책을 찾아드립니다 · 043

토하셔도 됩니다 · 050

방귀는 참아주세요 · 055

도서관의 C컷들 · 059

2부 인생의 서가

28번 사물함 · 069

혹시 본인 맞으신가요 · 074

할머니들의 슬기로운 도서관 생활 · 080

노인과 바다×노인과 도서관 · 087

바다를 건너온 한 권의 책 · 094

인생은 삶겹살처럼 · 101

명절에도 열어주세요 · 108

3부 서가의 안쪽

대부업은 아니지만, 대출하는 사람입니다 · 117

도서관에서 딸의 마음을 보관하고 있습니다 · 124

올바른 성별을 입력하세요 · 130

우리는 대출 상담가 · 137

보존서고의 역주행을 꿈꾸며 · 144

왜 그녀에게만 고추를 주나 · 150

다정한 독촉 · 156

도서관 노동자에 대한 오해와 진실 · 162

4부 추억의 서가

1.5톤의 짜장면 · 171

잘 '말리는' 밤입니다 · 178

떡볶이로 견디고, 엉덩이로 버티고 · 184

금광을 두고서 금반지를 팔았네 · 190

잠만 잘 자더라 · 196

클리어 파일 실종 사건 · 204

그날, 우리는 소설의 주인공이었다 · 209

5부 꿈의 서가

도서관의 낮×부부의 밤 · 217

여전히 우리의 생은 『생의 한가운데』 있다 · 222

한때 무용했던 것들에 대하여 · 228

검은 나비의 마지막 비행 · 234

가을 서정과 통증 사이 · 241

작은 도시의 사랑법 · 247

에필로그 | 우연한 기회가 운명이 되기까지 · 253

1부
웃음의 서가

'젓가락 살인'은 우리 도서관에 없습니다

예전 나의 직업은 한 교육 기업의 홍보 담당자였다. 늘 바빴지만, 특히 대학 입시 시즌이 되면 전화기가 불이 났다. "아, 네, 기자님. 오늘 대입 원서접수 서버 마비 사태는요……" 한번은 절체절명의 위기가 터져 대한민국의 모든 매체가 내 핸드폰 번호를 알아내기도 했다. 진실을 요구하는 전화가 빗발쳤고, 그날 받은 전화만 백 통이 넘었다. 입시 컨설팅, 배치표 등 이슈에 민감한 사업 분야 탓에 업무 긴장도는 늘 최고조에 달했다.

정확한 팩트 전달과 원활한 소통이 모든 것을 좌우

했기에, 내 귀와 입은 한 치의 오차도 허용하지 않는 정밀한 감각을 유지해야 했다. 특히 잘 전달하기 위해선 누구보다 잘 들어야 했다. 홍보 담당자로 일하면서 내 청력이 업무 역량이나 기업 평판에 해를 끼친 적은 단 한 번도 없었다. 그때까지만 해도 내 귀는 가장 믿음직한 감각이었다.

그랬던 내가 공공도서관에 와서 처음으로 맞닥뜨린 난관은 아이러니하게도 '듣기'였다. 거의 콜센터급으로 도서관 이용자들의 각종 민원을 듣고 해결해야 하는 일들이 많았다. 종이 매수당 인쇄 가격부터 주차 가능 대수까지, 사사로운 문의를 듣고 해결하는 일이었다. 하지만 생각지도 못한 문제가 발생했다. 한때 나의 가장 큰 자부심이었던 청력이 예전 같지 않다는 것. 좀 더 정확히 말하면, 단어를 식별하는 능력인 '어음 변별력'이 현저히 둔화했음을 체감했다.

어느 날이었다. 고요한 문헌정보실에 전화벨이 울렸다.

"안녕하세요. ○○도서관입니다."

"혹시 대출한 책 반납 연기할 수 없을까요?"

"뒤에 예약자가 없으면 가능하세요. 성함이 어떻게 되시죠?"

"곽미진입니다."

"네, 강미진님 맞나요?"

"아뇨, 곽미진입니다."

"그러니까 강물 할 때 강, 맞으신가요?"

"아뇨! ㅗ에 ㅏ, 곽입니다. 곽!"

수화기 너머 이용자의 목소리가 짜증 섞인 외침으로 변했다. 그거 하나 똑바로 못 듣느냐는 질책처럼 날아와 박혔다. 어쩔 수 없었다. 내 귀에는 정말 '곽'과 '강'이 비슷하게 들렸고, 확률적으로 더 흔한 강씨로 추측했을 뿐이다. 하지만 이 정도 실수는 앞으로 닥칠 대참사의 서막에 불과했다.

방학, 주말 오후. 도서관 어린이실이 가장 소란스러운 극성수기였다. 전화벨이 울렸다.

"안녕하세요. ○○도서관 어린이실입니다."

"혹시 도서관에 책이 있는지 확인해주실 수 있나요?"

"책 제목을 말씀해주세요."

"'젓가락 살인'이요."

순간 머릿속이 찌릿했다. 평소보다 사고의 속도가 만 배는 빨라졌다. '어린이책에 살인? 그것도 젓가락으로? 잔혹 스릴러인가? 아니면 파리, 모기 살인 같은 코믹물? 대체 어떤 책이기에 제목이 이 모양이지?'

손이 반사적으로 검색창으로 향했다. '젓가락 살인'이라고 입력하자 '자료가 존재하지 않습니다'라는 메시지가 떴다. 띄어쓰기 문제인가 싶어 '젓가락살인'으로 붙여 검색했지만 결과는 마찬가지였다. 나는 이 핏빛 누아르 장르의 책이 어린이실에 없다는 사실에 안도하며 침착하게 말했다.

"저희 도서관에 '젓가락 살인'이라는 책은 없는 것 같습니다."

"네?"

"'젓가락 살인'은 없습니다. 다른 도서관에 문의하셔야 할 것 같아요."

"하아아아아……"

갑자기 전화기 너머로 기나긴 웃음소리가 들려왔

다. 뭔가 섬뜩한, 그러나 아주 익숙한 예감이 등골을 스쳤다.

"아니, 저…… '젓가락 살인'이 아니라 '젓가락 달인'이요."

어머나, 이럴 수가. 젓가락 '살인'이 아니라 젓가락 '달인'이라니. 『젓가락 달인』은 우리 도서관의 인기 도서였다. 민망함 90퍼센트, 미안함 9퍼센트, 그리고 어이없는 웃음 1퍼센트. 옆에서 듣고 있던 동료도 결국 웃음을 참지 못했다.

그런데 왜 나는 '달인'을 '살인'으로 들었을까. '달'과 '살'의 발음이 정말 그렇게 비슷한가? 혼자 몇 번이고 중얼거려보지만, 내 입으로 내뱉는 소리는 너무나 또렷하게 구별된다. 이런 청력으로 과연 정년까지 도서관 일을 할 수 있을까. 깊은 자괴감이 밀려들었다.

옆 동료 L도 비슷한 경험이 있었다고 했다. 『XXL레오타드안나수이손거울』이라는 책이 도서관에 비치되어 있냐는 전화가 걸려왔다. 책 제목을 검색해야 하는데, '투 엑스라지'를 XXL로 표기해야 한다는 것이 얼른 생각나지 않았던 모양이다. 여러 번 되묻자, 이용자는 답답해했고, 겨우겨우 '안나수이'라는 단어를 낚아채서 책을 찾아낼 수 있었다고 한다.

그렇다. 우리의 청력은 점점 퇴화하고 있었다. 나이 듦이란 그런 것이었다. 평소에는 보이지 않던 '난청' '보청기' 같은 간판들이 눈에 들어오기 시작하고, 대형 마트의 보청기 부스 앞에서 나도 모르게 걸음을 멈추게 되는 것. 그래, 정 안 되면 보청기라도 껴야지. 처음 돋보기를 쓰고 샴푸 성분까지 또렷하게 읽어내며 의기양양하게 장바구니에 담던 그날의 환희를 떠올려본다.

퇴화하는 것은 청력만이 아니다. 기억력도, 순발력도 예전 같지 않다. 생각해보면 퇴화하지 않은 유일한 것은 마음뿐이다. 그러니 어쩔 수 없다. 보청기를 끼는 그날까지, 나는 '마음의 소리'라는 보조 배터리를 완벽히 가동해볼 생각이다. 온 마음을 기울이다보면 조금은 더 잘 들리지 않을까. 이용자들이 원하는 수많은 데이터를 축적하다보면 '아' 하면 '어' 하고, 콩떡같이 말해도 찰떡같이 알아듣는 날이 오리라 믿는다.

따르릉, 다시 도서관 전화기가 울린다. 심호흡을 두세 번 하고, 온 에너지를 귀에 집중한다. 말소리의 마지막 음절까지 놓치지 않겠다는 각오로, 나의 온 마음은 지금 수화기를 향해 달려가고 있다. (사실은, 몰래 볼륨도 살짝 높였다.)

도서관 이모의 고백

 바야흐로 중간고사 기간이었다. 내신 성적이 대입을 좌우하는 시절이니, 평소 공부에 뜻이 없던 학생들조차 이때만큼은 도서관을 기웃거린다. 그들의 등장은 언제나 반갑다. 하지만 도서관 직원이라는 명찰 뒤, '엄마 친구의 친구'쯤 되는 동네 이모의 시선으로 아이들을 바라보면 괜히 마음 한구석이 무거워진다. 이 작은 도시에서 몇 다리만 건너면 모두 친구의 아들, 딸, 조카들이기에, 아이들의 고단한 얼굴에서 비통함마저 느낄 때가 있다.
 시험 직전 주말 오후, 열람실에서 중학생들이 떠든

다는 민원이 접수되었다. 나는 결심한 듯 옷매무새를 가다듬고 '도서관 경찰'의 매서운 눈빛을 장착한 채 열람실로 향했다. 범인은 멀리서 봐도 한눈에 알 수 있었다. 칸막이를 사이에 두고 속닥이는 세 명의 학생. 본인들은 '이 정도는 괜찮겠지' 여겼을지 몰라도, 이곳은 볼펜 떨어지는 소리에도 민원이 들어오는 예민한 공간이다. 나는 단호하게 말했다.

"학생들, 조용히 해주세요. 민원이 들어왔습니다. 계속 떠들면 강제 퇴실 조치할 수 있어요."

돌아서려는 순간, 한 아이의 얼굴이 눈에 익었다. 친구의 조카였다. '너……?' 하는 내 입 모양에 아이는 고개를 푹 숙였다. 나는 조용히 하라는 의미로 입술에 손가락을 대고 눈에 힘을 줬다. 그건 직원의 눈빛이 아니라, 명백히 이모의 눈빛이었다. 동네 참 좁다. 하필 이모 친구에게 딱 걸린 것이다. 그날 이후, 도서관의 모든 중고등학생이 내 조카이자 내 자식처럼 보이기 시작했다.

며칠 후, 과외하는 딸을 기다릴 곳이 마땅치 않아 퇴근길을 거슬러 다시 도서관으로 향했다. 2층 복도를 지나는데, 신문열람실 불이 꺼져 있었다. 밤에는 당연히 불이 켜져 있어야 할 곳이다. 퇴근한 몸이었지만 그냥 지나칠 수 없었다. 문을 여는 순간, "깜짝이야!" 내 입에서 비명이 먼저 튀어나왔다. 어둠 속에 고등학생 남녀 한 쌍이 화석처럼 굳어 있었다. 놀란 건 나만이 아니었다. 아이들은 신문을 뒤적이며 황급히 태세를 전환했다. 한석봉 어머니도 아니고, 불을 끄고 신문을 읽는다고? 마음속에서 끓어오르는 잔소리를 간신히 억누르며 조용히 한마디 건넸다.

"불은 켜고 있으셔야 해요."

너무 약했나? 책을 펼치고 앉았지만, 둘째 딸 또래인 아이들이 자꾸만 눈에 밟혔다.

십 분 후, 나는 다시 신문열람실로 향했다. 역시나, 불은 또 꺼져 있었다. 이번엔 단호하게 말하리라 다짐했지만, 내 발소리를 들었는지 아이들이 먼저 문을 열고 나왔다. 나와 눈도 마주치지 않은 채 총총히 열람실 쪽으로 사라졌다. 나는 그들의 뒷모습이 보이지 않을 때까지 한없이 노려봤다.

'너희가 왜 거기서 나오는데? 도대체 불 끄고 뭐 한

건데?'

그들과는 밤 열시 마감 시간에 다시 마주쳤다. 함께 있을 거라는 예상과 달리, 1미터의 거리를 둔 채 완벽한 타인인 척 각자 퇴실 체크를 했다. 각자 도서관 문을 나섰고, 각자 주차장으로 향했으며, 각자 부모의 차에 올랐다. 나를 제외한 모든 이들에게, 그들의 연애는 철통같은 비밀이었다.

얼마 전, 또다른 이팔청춘 커플이 나타났다. 책을 꽂으려 서가 사이로 들어선 순간, "앗, 깜짝이야!" 바닥에 네 개의 다리가 가지런히 놓여 있었다. 양 허벅지 위엔 책을 펼쳐놓고, 눈빛은 서로에게 고정한 채. 하마터면 내가 먼저 "죄송합니다"라고 사과하며 퇴장할 뻔했다. 이곳이 청춘 멜로드라마 세트장인지, 도서관 서가인지 순간 헷갈릴 정도였다.

"여기는 다른 사람도 이용하는 통로입니다. 이렇게 앉아 계시면 안 돼요."

이번엔 제법 단호하게 첫번째 경고를 건넸다. 그들은 순순히 일어나 좌석에 앉더니 수학 문제집을 펼쳤다. 남학생이 여학생에게 열심히 공식을 설명했다. '그게 어디 수학 공식이냐, 연애 공식이지!' 속으로 외치는 말을 간신히 참았다. 그들의 속삭임은 다른 이용자들에게 방해가 되었고, 몇 차례 주의를 더 주자 이번에도 순순히 가방을 쌌다. 남학생은 여학생의 가방을 자기 가슴 앞으로 멨다. 퇴장하는 순간까지 참 알콩달콩했다. '컷!' 어디선가 멜로 영화감독의 큐 사인이 들리는 듯했다.

시험 기간 내내 그들은 지하 휴게실과, 인적 드문 서가, 시시티브이의 사각지대를 오가며 신출귀몰했다. 그 모습을 볼 때마다 내 머릿속에는 가수 영탁의 노래 한 구절이 자동 재생되었다. "니가 왜~ 거기서 나와~"

국어사전은 이팔청춘(二八靑春)을 '열여섯 살 무렵의 꽃다운 시절'이라 정의한다. 그 푸른 시절의 예쁜 사랑을 어찌 막을 수 있을까. 하지만 자식을 키우는 엄마이자 동네 이모로서 나는 걱정이 앞선다. 누군가는 도서관에서의 연애가 그나마 건전하지 않느냐고 말할지 모른다. 하지만 내 마음이 무거워지는 건, 그들의 연애가 펼쳐지는 곳이 하필 '도서관'이기 때문이다. 부모들은 자식이 도서관에 간다고 하면 무조건 기특해한다. 커피값 하라며 넉넉히 용돈도 쥐여준다. 그런 부모의 마음을 알기에, 부모의 신뢰를 담보로 한 도서관 연애는 어딘가 서글프게 느껴진다. 그래서 나는 오늘도 그들의 부모를 대신해 순찰을 돈다.

오배열된 '용지호'를 찾습니다

 오후 세시, 『흑룡전설 용지호』라는 책이 상호대차로 도착했다. 청구기호는 '808-문92청-21', 문학동네 청소년 시리즈. '이 정도는 가뿐하게 외울 수 있지.' 호기로운 마음으로 서가로 향했다. 나는 '808-문92청-21'을 주문처럼 열 번 넘게 되새겼다. 이 순간만큼은 누가 말을 걸어도 무시할 태세였다.

 그 근처에는 '808-문92세'도 있고, '808-문92아'도 있다. 절대 헷갈려서는 안 된다. '흑룡전설 용지호'라는 제목이 워낙 강렬하니, 일단 '용지호'만 기억하기로 한다. 이지호, 김지호 같은 흔한 이름에 '용'이라는 성이 붙으니 제법 비범하게 느껴졌다. 책등을 훑으며 '용지호'를 애타게 불렀지만, 이상하게 지호는 보이지 않았다. '못 찾겠다, 꾀꼬리'를 외치고 싶었지만, 책은 디스코를 출 리가 없다.

결국 데스크로 돌아와 '진작 뽑을걸' 후회하며 상호대차 용지를 출력했다. 이번엔 오로지 청구기호라는 숫자와 문자에만 의지해 책을 찾았다. 하지만 아무리 찾아도 '808-문92청-21'은 제자리에 없었다.

자, 이럴 때 당황은 금물이다. 책을 꽂을 때 흔히 저지르는 몇 가지 실수의 패턴이 있다. 도서관 봉사자부터 숙련된 직원까지, 우리 모두 가끔 저지르는 인간적인 오류다. 그 패턴을 알기에 오배열의 위치를 유추하는 건 그리 어렵지 않다.

첫째로 유력한 추측은, '808.9' 서가였다. 오로지 808이라는 숫자만 보고 꽂는 경우였다. 둘째는 다소 희박하지만, '809' 서가였다. 숫자 '8'과 '9'를 혼동했을 가능성이 있었다. 셋째는 설마 싶은 추측이지만, '818' 서가였다. 앞자리 '808'을 '818'로 잘못 보았을지 모른다.

이건 어디까지나 뒷자리 문자 '문92청'을 제대로 봤다는 가정하에 가능한 추리다. 만일 여기서도 못 찾으면, 수사는 '808-문92세', '808-문92아' 자리까지 확장된다. 그래도 없다면? 그때부터는 일이 복잡해진다. 800번대 서가 전체, 심지어는 어린이실 서가까지 샅샅이 뒤져야 하는 대수사가 될 수도 있다.

안타깝게도 『흑룡전설 용지호』는 내가 예상한 그 어디에도 없었다. 대출 기록을 보니 마지막 반납일은 2023년 9월 8일. 지금으로부터 거의 2년 전이다. 그 긴 시간 동안 용지호는 엉뚱한 서가에 꽂힌 채 누군가 자신을 찾아주기를 애타게 기다렸을 것이다. 물론 최악의 가정도 있다. 바로 용지호의 '유괴', 즉 도서 분실이다.

일단 오후 세시는 도서관이 서서히 붐비는 시간이었기에, 책을 신청한 이용자에게는 '발송 불가' 문자를 보내고 잠시 수사를 멈췄다.

다음날 오전에야 실종된 '용지호'를 다시 찾을 시간이 생겼다. 우리의 용어로는 '오배열을 본다'라고 한다. 말 그대로, 잘못 꽂힌 책을 찾아 제자리로 돌려놓는 작업이다. 오배열을 보는 시간은 청구기호와의 고독한 싸움이다. 요령 따윈 통하지 않는다. 잠시라도 긴장을 놓치면 잘못 꽂힌 책을 보고도 스쳐지나간다. 책 제목은 시야에서 지워진다. 오로지 숫자와 문자의 배열, 그 질서 있는 세계에서 이탈한 책만을 골라내야 한다. 그러다보면 어느 순간 나 자신마저 잊게 된다. 무아지경이란 바로 이런 상태일까. 이 세상에 청구기호와 내 눈, 단둘만 존재하는 듯한 기분.

솔직히 고백하자면, 나는 '정배열'보다는 '오배열'에 가까운 사람이다. 숫자보다는 문장을, 질서정연함보다는 자유로움을 사랑했다. 창의력이란 잘 닦인 길(정배열)이 아니라, 예기치 않은 길(오배열)에서 나온다고 믿었다. 부끄럽게도 내 인생은 언제나 '정배열' 성향의 사람들이 기둥이 되어주었다. 결혼 전에는 그런 여동생이, 결혼 후에는 그런 남편이 나의 들쑥날쑥한 삶을 묵묵히 지지해주었다. 그런 내가 뒤늦게 도서관 일에 적응한 것은, 성향과 맞지 않는 일도 기꺼이 해내야 한다는 중년의 유연함 덕분일 것이다. 그리고 일을 한다는 것 자체가 얼마나 감사한 일인지 알게 되었기 때문이다.

그렇게 삼십 분쯤 지났을까. 인내심이 한계에 다다랐다. 자음과 모음이 분리되어 매직아이처럼 어른거리기 시작했다. 안타깝게도 용지호는 아직 나타나지 않은 터였다.

나는 청구기호가 적힌 쪽지를 동료에게 넘겼다. 공교롭게도 그의 별명은 '드래곤(용)'. 책 속 주인공과 같은 성씨다. 삼십 분 후, 동료가 허탈한 표정으로 돌아왔다. 머릿속에서 가수 송창식씨가 '가나다라마바사~'를 무한 반복하는 것 같다며 혀를 내둘렀다. 결국 용을 잡으러 갔던 드래곤마저 흑룡이 되어 돌아온 셈이다.

일단 오늘은 여기까지. 오늘 못 찾은 용지호는 내일 다시 찾을 것이다. 그래도 없다면, 그때는 유괴로 간주하고 분실 처리해야 한다. 부디 우리의 두 눈이 용지호를 찾아내길. 인터넷 서점에서 『흑룡전설 용지호』를 검색해 표지 디자인과 글꼴, 판형을 머릿속에 각인시킨다. 나만의 현상수배 전단을 만드는 심정으로.

'사라진 용지호를 찾습니다.'

도서관의 하루는 완벽한 질서 속에서 완성되지 않는다. 오히려 잠시 궤도를 이탈한 한 권의 책이 우리에게 도서관의 진짜 숨결을 느끼게 한다. 삶도 그렇다. 살아 있는 모든 것들의 이야기들은 정해진 자리보다 잠시 길을 잃은 순간에 피어난다.

오늘 찾지 못한 '용지호'처럼, 우리도 때로는 제자리를 떠나야 비로소 자신을 찾게 되는 법이다.

민원은 똥병상련

 그해, 코로나는 정점을 찍었다. 도서관은 전면 휴관 상태로, 비대면 대출만이 겨우 명맥을 잇고 있었다. 당연히 외부인의 화장실 사용은 절대 금지였다. 만약 문의가 있을 시, 10미터 떨어진 행정복지센터로 정중히 안내하라는 것이 위에서 내려온 지침이었다.

 그때 나는 공공기관에 첫발을 내디딘 마흔일곱 살의 신입 공무직, 그야말로 도서관의 '이등병'이었다. 무경력자라는 약점까지 더해져 군기는 충만했고 융통성은 제로였다. 모든 업무를 지침 그대로 수행하는 것이 나의 유일한 미덕이라 믿던 시절이었다.

오전 열한시쯤이었다. 뱃속에서 반가운 신호가 왔고, 나는 불 꺼진 로비를 지나 화장실로 향했다. 그 순간, 누군가 다급하게 도서관 문을 두드렸다. 프로다운 미소를 장착하고 다가서자, 한 여성분이 화장실이 급하다며 문을 열어달라고 했다. 나는 죄송하지만 옆 건물 행정복지센터를 이용해달라고, 지침에 따라 완벽하게 응대했다. 그러면 대부분의 사람들은 '참나' 하는 감탄사를 뱉으면서도 급한 불을 끄러 옆 건물로 향하곤 했다.

하지만 이번엔 달랐다. 나의 친절한 안내가 전혀 먹히지 않았다.

"그럼 여기서 똥을 싸란 말이에요?"

그녀는 대뜸 화를 냈다. 순간 문을 열어줘야 하나 혼란스러웠지만, 얼마 전 같은 일로 팀장님께 '주의 조치'를 받던 동료의 얼굴이 번뜩 스쳤다. 나는 같은 내용을 기계처럼 한번 더 안내했다. 그러자 민원인의 목소리는 고압호스에서 터져나오는 물줄기처럼 거세졌다. 나는 완전히 얼어붙었고, 사무실에 도움을 청하는 게 상책이다 싶었다.

드디어 해결사 팀장님이 등장하셨다. 하지만 원칙주의자인 팀장님 역시 물러섬이 없었다. 필사적인 민원인과 철옹성 같은 원칙이 맞붙으니, 사소한 화장실 하나가 전쟁터가 되었다. 민원인은 잠시 사라졌다가 다시 나타나 2라운드를, 또 잠시 후에는 3라운드를 시작했다. 그녀의 볼멘소리는 계급의 사다리를 타고 점점 더 높은 곳으로 올라갔다. 예감이 좋지 않았다. 그날 밤, 침대에 누워서도 "똥을 싸겠다!"라며 화내던 그녀의 얼굴이 어른거렸다.

며칠 후, 팀장님은 내게 경위서를 부탁했다. 최초 목격자로서 있는 그대로 서술하면 된다고 하셨지만, 내 심정은 복잡했다. 공공기관은 처음이지만 나름 '부장'까지 달았던 나는 단 한 번도 경위서를 써본 적이 없었다. 그런데 내 인생 첫 경위서의 주제가 '똥'이 될 줄이야. 자존감은 두루마리 휴지 마지막 한 칸처럼 간당간당했고, 남은 건 휴지심처럼 텅 빈 자책감뿐이었다.

하필 나는 그때 왜 같이 똥이 마려웠을까? 똥이 급한 '똥병상련(똥病相憐)'의 간절함을 왜 헤아리지 못했을까. 그깟 지침이 뭐라고, 그냥 열어줬더라면. 때늦은 후회가 밀려왔다. 나는 왕년에 보도자료 좀 써본 선수답게, 육하원칙에 따라 컴퓨터 자판을 두드렸다.

> 오전 열한시, 도서관 로비에서 한 외부인이 화장실 사용을 요청했으나…… 그럼 똥을 싸란 말이냐고 항의하여…… 이곳에 똥을 싸시면 안 된다고 응대하자……

이후 사건이 어떻게 마무리되었는지는 모른다. 말단 공무직에게 그런 고급 정보까지 공유되지는 않는다. 물론 지침에 따른 내 대응이 틀렸다고 생각하지는 않는다. 다만, 그날의 나에게는 '사람'보다 '규정'이 먼저였다. 만약 그분이 코로나 확진자였고 동선이라도 공개되었다면, 경위서가 아니라 시말서를 썼을지도 모를 일이다.

시간이 흘러 코로나 격동기가 지나고, 굳게 닫혔던 화장실에도 개화기가 찾아왔다. 대한민국 방방곡곡의 화장실 문이 활짝 열렸다. 사람들은 도서관에 교양만 쌓으러 오지 않는다. 마음의 양식만 먹는다고 생각하면 착각이다. 진짜 양식을 먹는 휴게실이 있고, 그래서 비우는 공간도 필요한 법이다. 밥에는 가격이 매겨져도, 비우는 일엔 누구나 평등하다. 그 공평함의 가치는, 공공기관이 민원인을 대하는 철학과도 맞닿아 있다.

며칠 전, 동료가 또 화장실 관련 전화를 받았다. 요지는 '밤에 화장실 변기에 빠뜨린 핸드폰 케이스를 찾아달라'는 것이었다. 우리는 야간 청소 여사님까지 동원했지만, 결국 케이스는 찾을 수 없었다.

웃음으로 끝날 일이 아니었다. 화장실이 급한 마음도, 잃어버린 물건도, 누군가에게는 다 절실한 일이라는 걸, 민원의 본질은 다르지 않다는 생각이 들었다.

똥은 이토록 공평하고, 민원의 사연에는 높낮이가 없다. 내 인생 첫 경위서는 여전히 내 메일함에 저장되어 있다. 초심이 흐려질 때마다 나는 그 글을 다시 읽는다. 그리고 다짐한다.

'모든 민원에는 사정이 있다. 그러니 나는, 똥병상련의 마음으로 민원인의 소리를 듣자.'

책 봉합의 달인, 응급 닥터 허

"선생님, 큰일났어요. 책이 찢어졌어요!"

한 어린이가 헐레벌떡 데스크로 달려왔다. 손에는 부상당한 『마법천자문』 23권이 들려 있었다. 열 장쯤 찢어져 있었고, 몇 장은 아예 낱장으로 분리돼 있었다. 아이의 얼굴은 금방이라도 울음을 터뜨릴 듯 일그러졌다. 나는 책을 데스크에 맡기라고 하고 아이를 달래 돌려보냈다.

『마법천자문』은 어린이실 최고의 인기 도서다. 게다가 얼마 전 새로 들어온 책인데 벌써 부상이라니. 이는 명백한 '사고'였다. 22권까지 읽고 23권만 기다리던 대기자들은 응급실 대기석(?)에 앉아 초조하게 눈치를 보고 있다. 이 책을 살려내지 못하면 어린이실 서가 전체에 치명타다. 무조건 살려야 한다.

다행히도 우리에겐 죽어가는 책도 살려낸다는 '도서관계의 외과 의사', 닥터 허가 있다. 그녀는 드라마로 치면 '낭만닥터 김사부', 과장을 좀더 보태면 중증외상센터의 이국종 교수다.

잠시 후 전화를 마치고 들어온 그녀에게 자초지종을 보고한다. 나는 아직 도서관 응급실의 인턴 수준이라 최대한 자세히 설명한다. 그녀는 책 상태를 살피며 잔잔히 미소 짓는다. "이 정도면 문제없어"라는 신호다. 그녀의 수술실은 데스크 한쪽 구석. 독일제 수선용 테이프, 풀, 가위, 자, 스테이플러, 망치, 그리고 마지막 무기인 메스까지.

먼저, 찢어진 부위를 수선용 테이프로 감쪽같이 접합한다. 그녀의 손놀림은 1밀리미터의 오차도 허용하지 않는다. 특히 아주 얇은 독일제 테이프는 책의 색감까지 그대로 살려낸다. 십여 장을 일일이 접합한 뒤에는 낱장 분리된 부분을 책등에 붙이는 작업에 들어간다.

여기엔 두 가지 방법이 있다. 하나는 간단 접합 수술(풀로 붙이기), 다른 하나는 고난도 재조립 수술(스테이플러+망치)이다.

닥터 허는 잠시 고민하다 말한다.

"단순 접합으론 어렵겠네요. 다행히 전체를 떼지 않고도 가능해요. 떨어진 열 장만 따로 잘라내 스테이플러로 고정하면 됩니다."

메스가 투입된다. 나는 책에 칼을 댈 때마다 손이 후들거린다. 잘못 긋기라도 하면 영영 회복 불능이기 때문이다. 하지만 그녀의 칼질은 매끈하다. 역시 명의다. 이어 스테이플러가 장전된다.

철컥! 철컥! 철컥! 세 번의 소리와 함께 고정 완료. 완벽하다. 그러나 끝이 아니다. 이번엔 망치 차례. 그녀는 스테이플러 심이 단단히 자리잡도록 '쾅쾅쾅!' 내려친다. 망치 소리에 어린이실 아이들이 두리번거린다. 마지막 단계는 이용자들의 손을 보호하기 위한 반창고. 즉 수선용 테이프 덧붙이기. 드디어 수술 완료다.

책은 회복실로 옮겨져 짧게는 한 시간, 길게는 이삼

일의 안정을 취한다. 그러고 나면 곧 생생한 모습으로 다시 서가로 복귀할 것이다. 우리는 존경심을 담아 그녀에게 엄지를 치켜세운다. 그녀는 별것 아니라는 듯 씨익 웃고는 오늘 입원한 책들의 병동으로 회진을 나선다. 나는 도서관에서 그녀처럼 책을 아끼고 손재주가 뛰어난 '외과 의사'를 본 적이 없다. 닥터 허. 그녀가 있다는 건 정말 큰 행운이다.

하지만 그녀도 손쓸 수 없는 책이 있다. 물에 젖은 책, 강아지에게 물린 책. 특히 장마철엔 눅눅해진 책이 자주 반납된다. 양심 있는 이용자들은 보상 절차를 밟지만, 몰래 무인 반납기에 넣고 가는 경우도 있다. 어떻든 완벽히 말리는 건 어렵다.

어느 날은 강아지 이빨 자국이 선명한 책이 들어왔다. 마지막 반납자에게 전화를 했지만, 본인은 개를 키우지 않는단다. 어쩔 수 없이 훼손 도서로 처리됐다. 그녀도 고개를 저었다. 회복 불능이었다. 그럼에도 그녀가 살려낸 책들은 훨씬 더 많다. 그렇게 다시 살아난 책들은 서가에 꽂혀 누군가의 손길을 기다린다. 그녀는 말한다.

"책도 사람처럼, 상처를 치료하면 다시 쓸 수 있어요. 고쳐 쓰일 때 보람을 느껴요. 흉터를 볼 때는 오히려 정이 들어요."

마음까지 고운 그녀. 그녀 같은 외과 의사가 있다는 건 국민 세금을 아끼는 일이기도 하다. 나 역시 그녀의 솜씨를 배우려 눈을 부릅떴지만, 섬세한 손기술은 타고나는 재능임을 인정할 수밖에 없었다.

삐뽀삐뽀, 또다른 응급상황 발생!

"도서관 책에 누가 이렇게 밑줄을 그어놓은 거야."

엥, 이번엔 낙서라니? 그렇다면 피부과가 나설 차례. 얼굴 잡티 지우듯, 낙서를 지워야 한다. 이번엔 내가 지원한다. 지우개를 들고 응급실로 향한다. 최신식 레이저를 쏘듯, 눈빛으로 질타의 레이저를 쏘며 지우개질을 시작한다. 여기서 중요한 기술은 두 가지다. 마지막 장까지 포기하지 않는 인내심과 부드러운 손목 스냅이다.

처음엔 단순한 수선이라 생각했다. 하지만 한 장 한 장 넘길수록 마음이 조금씩 차분해졌다. 종이의 결을 따라 지우개질을 하며 내 안의 잡념을 천천히 지워내는 기분이 들었다. 인내심은 기다림의 다른 이름이었고, 힘을 뺀 부드러운 손목 스냅은 종이의 결을 해치지 않겠다는 애정이었다.

 봉합의 달인 닥터 허가 남긴 깊은 치유의 여운처럼, 우리는 오늘도 책이 입은 상처와 흉터를 조심스레 어루만지며, 가장 따뜻한 방식으로 세상과 연결되고 있다. 이 연결이야말로 도서관에서 매일같이 펼쳐지는 가장 본질적인 치유 행위이자 다정한 의식이다.

책을 찾아드립니다

'흥신소'란 의뢰인의 요청에 따라 누군가의 신상, 행적, 신용 상태, 재산 등을 은밀히 조사해 알려주는 민간 조사업체를 일컫는 말이다. 정식 명칭은 탐정사무소나 민간 조사업이지만, 대중에게 친숙한 이름은 흥신소 혹은 심부름센터다. 한때 우리나라에서는 이런 민간 조사업이 법으로 금지되어 있었으나, 2020년 8월 신용정보법 개정으로 일정 범위 안에서 탐정 활동이 합법화되었다.

그런 의미에서 나는 당당히 말할 수 있다. 도서관에도 일종의 탐정업이 존재한다고. 물론 불륜 현장 포착

이나 예비 사위 뒷조사 같은 드라마에나 나올 법한 의뢰는 전혀 없다. 도서관 흥신소의 영역은 어디까지나 책과 독자들이다.

오늘의 의뢰인을 소개한다. 연세는 최소 여든은 훌쩍 넘었고, 어쩌면 그보다도 많을지 모른다. 사실 그분에 대해 아는 것이 거의 없다. 눈가에 세월이 켜켜이 쌓였지만, 이목구비는 또렷했다. 무엇보다 눈에 띈 특징은 목소리였다. 도서관 평균 소음이 30~70데시벨이라면, 그분의 목소리는 100데시벨을 훌쩍 넘기는 듯했다. 친정아버지를 가까이 모시며 배운 사실이 있다. 나이 드신 분들이 목소리가 커지는 건 청력 저하와 비례한다는 것. 즉, 이 어르신은 보청기를 끼지 않았고, 청력도 많이 약해지신 것이다. 따라서 나도 평소보다 훨씬 큰 목소리로 응대해야 했다.

의뢰인은 데스크 앞으로 성큼 다가와, 중언부언 없이 곧장 본론을 꺼냈다.

"내가 어제 읽은 책 못 봤어요?"

"네?"

"어제 책 읽고 여기다 놨는데, 오늘 와보니 없네!"

순간 당황스러웠다. 어제 어떤 책을 읽으셨는지, 나는 전혀 알 수 없었다. 이용자가 읽고 북카트에 꽂아둔 수십 권의 책을 일일이 기억하기란 불가능하다. 하지만 도서관 흥신소의 첫 임무이니, 최선을 다해 찾아드리기로 했다. 곧바로 인터뷰를 시작했다.

"선생님, 책 제목 기억 안 나세요?"

"영혼은 죽지 않는다."

불행 중 다행이었다. 제목을 기억하고 계신다니. 곧장 검색을 했다. 그러나 결과는 '없음'. 도서관에 없는 책이었다.

"선생님, 책 제목 다시 한번 말씀해주시겠어요?"

"영혼은 죽지 않는다."

여전히 같은 대답. 다시 검색했지만 결과는 같았다. 없는 게 맞았다.

"선생님, 죄송하지만 그 책은 저희 도서관에 없습니다."

"없다고요? 이상하네. 아, 아닌가, 잘 모르겠네."

확신에 차 있던 어르신이 갑자기 모르겠다 하시니 상황은 더 애매해졌다. 그러나 자리를 떠날 기미는 보이지 않았다.

나는 다시 키워드 검색을 시도했다. '영혼' '죽지' '않는다'를 나눠 입력해보았지만 결과는 신통치 않았다. 그때 어르신이 말했다.

"내가 분명히 어제 책을 읽고 여기다 났는데…… 민영환 몰라요? 고종 몰라요? 민영환 선생 얘긴데."

뜻밖의 단서였다. 하지만 그것만으로는 책을 특정하기 어려웠다. 내가 머뭇거리자 어르신은 갑자기 대한제국 이야기로 넘어가셨다. 강연처럼 이어지는 말씀은 좀처럼 끊기지 않았다. 그 순간 3층 문헌정보실은 자연스럽게 '생중계 모드'로 전환됐다.

나는 다시 민영환, 고종을 키워드로 검색했다. 그러나 '영혼'과 연결 짓기는 무리였다. 어르신의 목소리는 점점 커지고, 나는 점점 무능한 직원이 되어갔다. 결국 900번 서가를 모두 훑어보았으나 그래도 찾을 수 없었다. 의뢰인께는 자리에 앉아 기다려달라 말씀드리고, 본격적으로 '흥신소 모드'에 돌입했다.

포털 검색부터 시작했다. 단서는 단 하나, '민영환'. 『대한제국의 마지막 숨결, 민영환』이라는 책이 검색되었다. 하지만 우리 도서관에는 없었다. 1차 포털 검색 실패.

다시 뉴스 검색. 수많은 기사 속에서 '민영환 선생 유서' 관련 기사가 눈에 띄었다. 그 유서의 문구는 "죽어도 죽지 않는다". 순간 전율이 왔다. '영혼은 죽지 않는다'와 '죽어도 죽지 않는다', 묘하게 닮아 있지 않은가. 희망이 보였다. 그러나 다시 검색해도 『할배는 죽지 않는다』 같은 전혀 다른 책만 뜰 뿐, 어르신이 원하는 책은 찾을 수 없었다.

하지만 수확은 있었다. 민영환이 유서를 남겼다는 결정적 단서였다. '민영환 유서 영혼' '민영환 유서 죽지 않는다' '민영환 영혼'…… 가능한 키워드는 모조리 넣어 검색했다. 마치 초고속 블렌더에 영혼을 갈아 넣는 듯, 폭풍 검색이 이어졌다. 그러다 '영혼'을 '혼'으로 바꿔 '민영환 혼'이라 입력한 순간, 드디어 떴다. 민영환의 증손녀 민명기 작가가 쓴 『죽지 않는 혼』. 제목을 보는 순간, 확신이 왔다. 바로 도서관 시스템을 열어 검색했다.

『죽지 않는 혼』, 청구기호 813.7-민34죽. 상태: 비치중.

태극기가 있었다면 높이 들고 만세를 외쳤을 것이다. 그토록 애타게 찾은 책은 역사서가 아닌 소설이었다. 나는 책을 들고 의기양양하게 어르신께 달려갔다.
"선생님, 이 책 맞으세요?"
"네, 맞아요."
놀랍도록 담담한 반응. 마치 '이제야 가져왔구나' 하는 표정. 내 환희는 혼자만의 것이었다.

하지만 만족스러웠다. 의뢰인께서 반나절 내내 자리에 앉아 독서 삼매경에 빠져 계셨으니. 도대체 어떤 책이기에 그토록 찾으셨던 걸까. 삼복더위에 노쇠한 몸을 이끌고 도서관에 오게 한 힘은 무엇일까. 문득 『죽지 않는 혼』이라는 제목이 어르신의 혼과도 닮았다는 생각이 들었다. 비록 몸은 세월을 거스를 수 없지만, 목소리와 정신은 여전히 강건하셨으니까.

나는 바란다. 내일도 도서관 흥신소의 의뢰가 이어지기를. 더 많은 어르신이 책 속 기쁨에 잠기고, 인생의 황혼기가 황홀로 물들기를.

오늘도 임무 완료. 이제, 퇴근해도 좋다.

토하셔도 됩니다

'이게 무슨 냄새지?'

어린이실 입구에 들어서자 맛있는 냄새가 풍겼다. 기름을 잔뜩 머금은 듯한 냄새였다. 어린 시절 우리 동네 '중화각' 뒤 골목을 지날 때면 가끔 맡던, 코와 가슴을 벌름거리게 하는 바로 그 냄새였다. 그러나 삼 초, 아니 일 초도 지나지 않아 후각의 오류임이 밝혀졌다. 한 남자아이가 영어 원서 서가 앞에서 토를 하고 있었던 것이다.

"욱, 욱, 억……"

위장에서 반동이 솟구칠 때마다 아이의 얼굴이 일그

러졌지만, 자리에 선 채 끝까지 다 비워내는 모습은 뜻밖에 침착했다. 당황한 쪽은 오히려 아이의 엄마와, 다급히 환경미화 선생님께 전화를 걸던 나의 동료였다.

나 역시 휴지를 챙겨 사후처리를 도왔다. 그제야 알았다. 내 추측이 완전히 빗나간 건 아니었다는 걸. 아이가 먹은 점심이 실제로 중국요리였기 때문이다. 그나마 코가 무뎌지진 않았다는 사실에 안도했다. 하지만 환경미화 선생님이 몇 번을 닦아도 냄새는 쉽게 빠지지 않았다. 어린이실에 새로 들어오는 아이들은 그 냄새를 짜장면 냄새라 착각하는 듯했다. 한편 아이와 엄마는 한동안 화장실에서 나오지 않았다. 도서관에서 토한 일이 부끄럽고 미안했던 모양이다.

나도 어린 시절, 누군가의 기억에 오래 남을 '미안한 토'를 한 적이 있다. 경기도 광주에 있는 외갓집에 가는 길이었다. 지금은 판교 옆 도시지만, 그때 내게는 오지나 다름없었다. 외갓집에 갈 때마다 비포장도로의 덜컹거림이 멀미를 불러왔다. 버스 안은 기름 냄새와 먼지, 사람들의 체취가 뒤섞여 눅진하게 배어 있었고, 그 냄새만으로도 속이 울렁거렸다.

멀미만 견뎌내면 따뜻하게 맞아주는 외갓집이 있었다. 특히 외할아버지는 고추장 제육볶음을 마음껏 먹게 해주셨다. 그날도 푸짐한 대접을 받고 돌아오는 길이었다. 과식 때문인지 멀미가 더욱 심해졌다. 겨우 광주를 벗어났건만 속은 이미 심상치 않았다.

엄마와 멀미 스무고개가 시작됐다.

"엄마, 어디야?"

"아직 은고개야."

"엄마, 나 울렁거려."

"참아, 토하면 안 돼."

죽을 것 같다고 하소연하던 나에게 엄마는 '토하면 진짜 죽을 줄 알아'라며 겁을 주었다. 그리고 저승사자 도포 자락처럼 보이는 검은 비닐봉지를 꺼내주었다. 나는 모시조개 같은 입술을 꽉 다물었다.

'참아야지, 참아야지.'

그러나 덜컹거리는 버스와 울퉁불퉁한 길은 나를 배신했다. 결국 와락 쏟아내고 말았다.

"욱, 억, 꾸억 꾸억……"

순간, 어떤 여학생의 외마디 비명이 터졌다. 고개를

들어보니, 내가 토한 곳은 비닐봉지가 아니라 그녀의 검은 교복 치마였다. 울부짖는 여학생, 연신 "미안합니다"를 외치는 엄마, 그리고 퍼져가는 수군거림과 냄새. 그 밤, 버스 안은 잊을 수 없는 토사의 현장이었다. 그 기억에 비하면, 도서관에서 쏟아낸 그 아이의 토는 전혀 미안하지 않은 '토'였다.

며칠 뒤, 『딸은 엄마의 감정을 먹고 자란다』라는 책을 배가(도서관에서 도서나 자료를 정해진 기준에 따라 적절한 서가 위치에 배열하는 작업)하다가 '감정을 먹는다'는 표현에 오래 머물렀다. 그렇다면 감정을 먹는 것의 반대는 감정을 쏟아내는 일 아닐까. 나는 그 쏟아냄이 토하는 행위와 닮았다고 생각했다.

도서관에서 실제로 토하는 경우는 드물다. 그러나 '감정의 토'를 하는 사람들은 매일 만난다. 책을 읽으며 눈물을 훔치는 사람, 싱긋 미소 짓는 사람, 심각한 표정으로 고개를 끄덕이는 사람…… 책 앞에서 사람들은 크고 작은 감정을 조용히 쏟아낸다.

그 내용물을 일일이 확인할 수는 없다. 하지만 표정과 몸짓만으로도 알 수 있다. '흥미진진한 이야기에 빠졌구나.' '너무 슬픈가보네.' '문제가 풀리지 않나보다.' '오늘은 글이 잘 써지네.' 나는 그 순간들을 '감정의 토'라고 부르고 싶다. 도서관에서 이루어지는 수많은 행위가 내면에서 엉기고, 수축되고, 때로는 팽창하다가 어느 순간 와락 쏟아져나온다. 정서의 토, 지식의 토, 슬픔의 토, 웃음의 토. 그것이 쏟아질 때 도서관은 가장 도서관다워진다.

그토록 조용한 공간이 뜻밖의 감정으로 진동할 때, 나는 도서관이 존재하는 이유를 느낀다. 그래서 도서관에서 벌어지는 '감정의 토'를 반긴다. 그 순간 사람들은 번잡한 세상과 단절된 듯 가장 고요하게 몰입한다. 물론 가끔 책을 읽으며 키득거리는 아이들도 있다. 아주 즐거운 토를 하는 셈이다. 냄새도 나지 않으니 보는 이도 즐겁다.

그런 의미에서 나는 바란다. 도서관에서 누구든 마음껏 감정의 '토'를 했으면 한다. 토의 뒤끝에는 언제나 시원함이 있으니, 도서관 문을 나설 때마다 우리 모두의 마음이 한결 가벼워졌으면 좋겠다.

방귀는 참아주세요

빵! 도서관에서 축포가 울렸다고 동료 L이 카톡을 보냈다. 무슨 일인가 했더니, 한 어르신이 어린이실 신착 코너에서 방귀를 뀌고 그대로 사라졌다는 것이다. "방귀만 뀌고 그냥 나가셨다고?" 조용한 도서관에서도 이런 황당한 사건이 가끔 벌어진다.

그럴 때 직원은 난감하다. 웃고 싶어도 함부로 웃을 수 없다. 잘못 웃었다가는 '방귀 능멸죄'라는 죄목으로 민원이 생길지도 모른다. 더 억울한 경우는 냄새만 남기고 이용자가 사라질 때다. 그 자리에 있던 직원이 졸지에 '방귀 용의자'로 몰릴 수 있기 때문이다. 나 역시 그런 억울한 오해를 받은 적이 있다.

어린이실 근무 시절, 북적이는 주말 만화 서가에서였다. 책을 정리하려 들어서는 순간, 지독한 냄새가 퍼졌다. 냄새의 농도로 보아 범인은 아직 근처에 있었다. 그러나 모두 태연히 책을 들여다보고 있었고, 미세한 표정 변화만으로는 범인을 찾기 어려웠다.

일단 냄새를 피하려 돌아서려는 순간, 막 들어온 어린이 이용자와 마주쳤다. 나는 눈빛으로 전했다. '지금 누군가 방귀를 뀌고 가서 냄새가 심하단다. 조금 있다가 책을 고르는 게 좋지 않겠니?'

하지만 아이는 전혀 눈치채지 못했다. 오히려 코를 킁킁거리며 내 쪽으로 다가오더니, 이상한 눈초리로 나를 쳐다봤다. 범인으로 몰리는 듯한 기분이었다. 누가 더 오기 전에 냄새를 없애는 게 급선무였다. 결국, 추운 겨울이었지만 '방귀 뀐 자여, 양심이 있다면 찔리거라' 하는 마음으로 창문을 모두 열 수밖에 없었다.

두번째 오해는 문헌정보실에서 생겼다. 오랜 기간 봉사하러 오신 남자분이 계셨다. 보름쯤 지나자 도서관이 집처럼 편해지신 듯했다. 콩기름을 바른 듯 반짝이는 머리카락, 무릎 라인이 훤히 드러나는 실내복 바지 차림. 우리는 그분께 책등을 가지런히 펴서 서가를 정돈하는 일을 맡겼다.

그날, 상호대차(협약된 도서관끼리 소장한 자료를 서로 주고받으며 이용자에게 빌려주는 것)로 들어온 책을 찾으려 그가 있는 다음 칸 서가로 갔다. 하필 맨 아래 칸이었다. 무릎을 꿇듯 쪼그리고 앉는 순간, 갑자기 '빵!' 하는 소리가 났다. 물론 내 소리가 아니었다. 다만 자세가 하도 절묘해, 누가 봐도 내가 낸 소리처럼 보였다.

내가 아니라면 범인은 단 한 명. 바로 앞칸에서 이어폰을 낀 채 책등을 정리하던 봉사자였다. 다행히 냄새는 없었지만, 서가 밖에는 이용자들이 가득 앉아 책을 읽고 있었다. 지금 나가야 할까, 그대로 있을까. 고민했지만 결론은 같았다. 어차피 내가 용의자가 될 터였다. 나는 교양인의 표정을 지으며 유유히 서가를 빠져나왔다. 다행히 이용자들의 매너는 훌륭했다. 누구 하나 고개를 들지 않고 책에만 집중했다. 그들이 정말 못 들은 건지, 아니면 못 들은 척해준 건지는 끝내 알 수 없었다.

동료 J는 자신이 근무하는 도서관에도 '방귀 마스터'가 있다고 했다. 책을 읽다가도 수시로 뀌는데, 문제는 소리였다. 크고, 길고, 거침없었다. 결국 J는 정중하고 귀여운 글씨체로 "방귀 금지"라는 메모를 붙여둘 수밖에 없었다.

얼마 전에는 책을 꽂다 『방귀학 개론』이라는 흥미로운 책을 발견했다. 스테판 게이츠가 쓴 이 책은 방귀 화학, 방귀 생물학, 방귀 물리학까지 과학적으로 파헤치고 있었다. 이렇게 진지하면서도 유쾌한 개론서는 처음이었다. 덕분에 도서관 방귀 사건들을 분석할 근거가 생겼다. 고기와 치즈를 먹은 아이는 독한 방귀 가능성이 높고, 괄약근이 약한 어르신은 직장과 항문 싸움에서 밀린 것이며, 봉사자는 뇌의 신호를 무시했거나 돼지감자를 즐겨 먹은 것일 수 있다.

누군가는 방귀를 '생의 강철 문을 통과하는 기쁨'이라 했다. 그러나 도서관에서만큼은 잠시 미뤄두는 것이 진정한 예의다. 이성과 품격으로 꾹 참았다가, 문을 나서는 순간에 시원하게 자유로워지자.

도서관의 C컷들

 도서관 에세이를 쓰며 지난 순간들을 되돌아본다. 배꼽이 빠지도록 웃겼던 장면, 왈칵 눈물이 밀려왔던 장면, 민원 걱정에 좌불안석이던 장면들이 아른거린다. 그중 가장 극적인 순간은 단연 A컷으로 꼽을 만하다. 그 하나만으로도 글이 되기에 충분했다. 살짝 삐끗했지만 곱씹게 되는 순간들은 B컷이다. 거기에 상상의 양념을 더하면 또다른 글이 된다.

 그런데 하나의 이야기로 묶기엔 애매하고, 그렇다고 버리기엔 아까운 장면들이 있다. 내가 직접 겪은 것은 아니지만, 도서관 동료들에게 구전 설화처럼 전해지는 이야기들이다. 듣다보면 절로 씨익 웃음이 새어나오기도 하고, 가슴이 저릿해지기도 한다. 나는 그것들을 'C컷'이라 부르기로 했다.

발바닥을 긁던 신사

도서관에만 오면 양말을 벗는 어르신들에 대한 이야기는 어느 도서관에나 있다. 처음부터 맨발로 들어오신 건 아니다. 자리에 앉고 나면 슬그머니 양말을 벗으신다. 이쯤 되면 도서관이 안방처럼 편안하다는 긍정적인 신호일 것이다. 문제는 그다음 행동으로 이어질 때다. 한 동료의 말에 따르면, 다리를 꼬고 앉아 무심한 표정으로 발바닥을 긁는 어르신이 계셨다고 한다.

이럴 때 직원의 역할은 분명하다. 공공의 윤리가 파괴되는 것을 방치해서도 안 되지만, 어르신의 인격도 존중하며 조심스럽고 예의 있게 알려야 한다. 그런데 이 이야기는 뜻밖의 반전을 품고 있었다. 어느 날 그 어르신이 머리엔 중절모, 위아래 회색빛 양복과 반짝이는 구두까지 갖춰 신고 한 숙녀분과 함께 나타나셨다. 단정한 차림의 할머니와 함께 도서관 구석구석을 안내하는 모습에서는, 이전에 발바닥을 긁던 모습은 상상조차 할 수 없는 신사의 품격이 느껴졌다고 한다.

코딱지 파는 아이들

방학이면 도서관이 아이들로 활기를 띤다. 특히 아침 열시의 만화 서가는 학습 만화를 보려는 아이들로 가득하다. 한 동료가 들려준 이야기다. 유독 시선이 꽂히는 소년이 있었는데, 책을 읽으며 습관처럼 코를 파고는 아무렇지 않게 책장을 넘기더란다. 물론 코에 손을 넣는다고 다 코딱지를 파는 건 아닐 수도 있다. 가려워서 긁었을 수도 있으니. 동료는 조용히 아이 곁으로 다가가, 책상을 살짝 두드린 후 자신의 코를 만지며 두 손가락으로 X 표시를 해주었다. 자신의 행동을 누군가 지켜보고 있다는 걸 알려주기 위해서였다. 그후로 소년의 손은 코로 가지 않았고, 소년이 떠난 뒤 책을 확인하니 다행히 이물질은 없었다고. 그래도 동료는 찝찝한 마음에 소독용 티슈로 책을 꼼꼼히 닦았다고 했다.

책을 몰래 숨기는 아이들

코딱지 소년은 그저 자기 세계에 집중하는 순수한 아이일 뿐, 진짜 개구쟁이는 따로 있다. 바로 만화책을 몰래 숨기는 아이들이다. 이들의 행동은 철저히 전략적이다. 보고 싶은 책을 서가 깊숙한 곳에 감춰두고 다음 날 다시 와서 꺼내보는 식이다. 이것도 도서관의 단골 C컷 중 하나다. 한번은 학부모 한 분이 책이 없다며 데스크에 문의했는데, 직원 두 명이 매달려 찾아도 허사였다. 그런데 다음날, 직원 중 한 명이 소년 둘이 600번대 서가 구석에서 바로 그 책을 꺼내는 걸 목격했다. 책을 숨긴 이유는 간단했다. 혼자만 보고 싶어서.

커피믹스를 숨기는 남자

도서관 서가에 숨겨지는 건 만화책만이 아니었다. 동료 P가 서가를 정리하는데 책장 사이에서 커피믹스와 종이컵을 발견했다. '이게 왜 여기에?' 싶어 일단 분실물 보관함에 두었다. 다음날, 한 중년 남성분이 데스크로 와 "혹시 커피믹스와 종이컵 못 보셨나요?"라고 물었다. 동료 P가 이유를 묻자, 커피는 마시고 싶은데 매번 들고 다니기 귀찮아서 서가에 몰래 숨겨놨다고 했다. 그날 동료는 웃으며 커피믹스를 돌려주며 한마디 덧붙였다고 한다. "서가는 찬장이 아닙니다, 아버님."

도서관은 약수터가 아닙니다

이 이야기는 거의 전설처럼 내려온다. 어느 날 출근해보니 정수기 주변이 개천처럼 물바다였다고 한다. 정수기 고장도 아니었는데 며칠째 같은 일이 반복됐다. 청소 여사님은 아무래도 누가 밤새 물을 받아가는 것 같다고 추측했지만, 직원들은 모두 '설마' 했다. 그런데 그 설마가 진짜였다. 이른 아침, 한 아주머니가 1.5리터 페트병 네 개에 물을 가득 받아가는 현장이 발각된 것이다. 페트병 입구가 좁으니 물이 줄줄 샐 수밖에. 차라리 토끼처럼 물만 드시고 가셨으면 좋았을 것을. 도서관이 약수터가 아니라는 걸 정말 모르셨던 걸까. 아직도 미스터리다.

스뎅 사발을 가져오시는 어르신

'물' 하니 생각나는 또다른 동료의 제보가 있다. 도

서관에 올 때마다 스테인리스 그릇, 일명 '스뎅 사발'을 가지고 오시는 어르신이 계셨다고. 그분은 정수기에서 스뎅 사발 가득 물을 받아 아주 흡족하게 들이켜셨다. 왜 종이컵을 쓰지 않으시냐는 질문에 어르신은 이렇게 답하셨단다. "도서관 종이컵은 너무 작아서 목만 축이는 것 같아 싫어. 자고로 물은 스뎅 사발에 담아 벌컥벌컥 들이켜야 제맛이지." 듣고 보니 그 스뎅 사발은 어르신만의 멋진 텀블러였다.

책을 거꾸로 들고 읽으시는 할머니

동료 H는 도서관에서 일하며 겪은 일 중 이 장면이 가장 찡했다고 말해주었다. 안타깝게도 글자를 전혀 모르시는, 속된 말로 '까막눈'인 할머니 한 분이 계셨다. 도서관에 와서 책 읽는 사람들을 보는 것을 좋아하셨지만, 개인 사정으로 회원증은 만들지 못하셨다고 한다. 그래도 가끔 도서관에 오셨는데, 어느 날 책상에 앉아 책을 읽고 계신 모습이 보였다. H는 '그사이 한글을 배우셨나?' 하는 반가운 마음에 인사도 드릴 겸 조심스레 다가갔다. 그런데 가까이서 보니, 책이 거꾸로 들려 있었다. 글자를 모르시니 그 사실조차 모르셨던 것이다. 그럼에도 자세는 어쩌나 바르신지, 눈빛은 또 어쩌나 초롱초롱하신지. H는 차마 아무 말도 건네지 못하고 조용히 자리를 피할 수밖에 없었다고, 그때를 떠올리며 눈시울을 붉혔다. 듣는 나도 울컥했다.

아프리카를 닮은 청년

어린이실에서 근무했던 한 동료에게는 잊을 수 없는 C컷이 있다. 그녀는 마음속으로 한 청년을 '아프리카 청년'이라 불렀다. 그 청년은 아프리카 동물들을 무척 좋아해서, 늘 관련 책이 있는 서가로 직행했다. 사자, 치타, 하이에나, 얼룩말. 그가 좋아하는 동물들이 어린이실 책 속에 가득했다. 청년의 인사법은 독특했는데, 자신이 좋아하는 동물의 표정을 짓는 것이었다. 사자를 좋아할 때면 왕의 기개가 느껴지는 표정으로 인사했다. 그는 책상에 앉아 한 시간쯤 소리 없이 동물들의 표정을 따라 하며 아프리카 여행에 흠뻑 빠졌다. 책을 다 읽으면 '책은 그냥 두고 가라'는 안내가 무색하게, 직접 서가에 책을 정리했다. 놀랍게도 단 한 번의 오배열도 없었다고 한다. 숫자 능력에 탁월했던 것이다. 나갈 때면 다시 데스크로 와 동물의 표정으로 인사를 건넸다. 동료는 그의 인사에 제대로 화답해주지 못한 것이 늘 미안했다고 한다. '다음에는 꼭 기린의 표정으로 인사를 받아줘야지' 다짐하면서, 그 청년 덕분에 마음이 열 살은 어려지는 것 같았다고 했다.

지구상의 모든 공공도서관에는 A컷이나 B컷보다 수천 배는 많은 C컷 같은 이야기가 존재한다. 가볍게 웃기고, 살짝 더럽고, 순간 찡한 이야기들이다. 그런 이야기들 덕분에 우리는 많이 웃고, 반성하며, 진심으로 배운다. 주연도 조연도 아닌 행인 1, 행인 2, 행인 3과 같은 그들이야말로 도서관의 이야기를 만드는 진짜 주인공이다.

젊은 시절에는 발견하지 못했던 즐겁고 감동적인 장면이 중년이 되면서 잘 보이기 시작했다. 숏폼 콘텐츠보다 더 재미있는 이야기가 도서관에서 매일 일어나고 있다.

2부
인생의 서가

28번 사물함

 그해 여름과 가을은 내 인생에서 가장 외로웠던 계절이었다. 오래 다니던 직장을 그만두고 익숙했던 소속감을 잃었다. 아무 곳에도 속하지 않은 하루는 막막한 우주 같았다.

 남편과 아이를 보내고 나면 나도 집을 나섰다. 그대로 머물다간 압력밥솥의 누룽지처럼 눌어붙을 것 같았다. 한없이 처지는 마음을 억지로 일으켜 낡은 노트북 하나를 들고 카페로 향했다. 예전엔 브런치 모임을 즐기는 그녀들이 부러웠지만, 막상 그 자리에 앉으니 네 시간 넘게 버티기엔 커피값이 아까웠다. 백수의 대낮은 낯설고 지루했다.

그 무렵 나를 가장 편하게 맞아준 곳이 도서관이었다. 소속 없는 내게 도서관 회원증은 다른 세계로 향하는 출입증이었다. 도서관의 문을 통과하면, 책이라는 행성들 사이를 자유롭게 비행하는 기분이었다. 하지만 즐거운 비행이 절정에 달할 무렵 코로나가 터졌고, 세상의 모든 문이 닫혔다. 모두가 고립된 계절을 지나야 했다.

얼마 후, 정부 정책 덕분에 도서관에 취업할 기회를 얻었다. 한때 나의 쉼터였던 곳이 새로운 일터가 된 것이다. 다시 '소속'이라는 이름표가 붙었다. 이전과는 완전히 다른 일이었지만, 도서관이 드라이브 스루 방식으로 운영되던 시기라 업무가 제한적이어서 적응은 크게 어렵지 않았다. 이후 시간이 흐르고 열람실이 개방되면서 비로소 다양한 사람들과 마주하게 되었다.

열람실이 열리자 새로운 일이 시작되었다. 매달 20일 이후는 사물함 접수 기간이었다. 도서관 직원보다 더 오래 머무는 이용자들을 만났다. 그들 대부분은 취업을 준비하는 청년이거나, 자격증에 도전하는 중년이었다. 어느 날 검은 뿔테 안경을 쓴 청년이 다가와 무표정한 얼굴로 말했다.

"사물함 접수하러 왔는데요."

"기존 사용자시죠?"

"네."

그의 무심한 태도는 다정한 관심을 밀어냈고, 나 역시 무심한 척 신청서를 내밀었다. '요즘 젊은 사람들은 알은척하는 거 싫어해'라는 딸의 조언을 떠올리며 거리를 두었다.

"몇 번 사용하세요?"

"28번이요."

나는 그가 28번 사물함 이용자라는 걸 이미 알고 있었다. 매달 얼굴을 본 지 1년이 넘은 터였다. 하지만 그가 어떤 시험을 준비하는지는 알 수 없었다. 그저 사물함 속에 9급 국어 독해, 문법서, 행정학 교재들이 빼곡할 것이라 짐작할 뿐이었다.

그러던 어느 달, 사물함 연장 신청 마감일 25일이 지나도록 그가 나타나지 않았다. 신규 신청자가 28번을 선택하면 어쩔 수 없이 그 칸을 비워줘야 한다는 걸 모를 리 없었다. 나는 그를 기다리면서도, 한편으론 다시 오지 않기를 바랐다. 취업에 성공했다면 더는 사물함이 필요 없을 테니까. 월말이 되어 복도에서 그와 마주쳤다. 그는 사물함을 비우고 있었다. 순간 마음이 덜컥 내려앉았다. 처음으로 말을 걸었다.

"사물함 아주 빼시는 거예요?"

"네, 집 근처 스터디카페에 저렴한 상품이 나와서요."

취업 소식은 아니었지만, 더 나은 환경으로 간다니 다행이었다. 그의 뒷모습을 보며 내 마음은 좁은 사물함처럼 작아졌다가, 그의 앞날을 응원하는 마음으로 다시 깊어졌다.

28번 자리는 어느 중년 남자가 이어받았다. 청년에게 미래가 궁금했다면, 중년에게는 그들의 과거가 궁금했다. 말투와 글씨체에서 그들이 지나온 시간을 헤아릴 수 있었다. 같은 중년이라도 열람실과 문헌정보실을 찾는 이는 느낌이 달랐다. 열람실 이용자에게서는 재기를 준비하는 치열함이, 문헌정보실 이용자에게서는 인생을 건너온 자의 느긋함이 느껴졌다.

어느 날, 라이더 복장의 남자가 문헌정보실 100번대 서가 앞에 서 있었다. 언제든 출동할 수 있는 차림이었지만, 책을 읽는 그의 표정에는 의외의 여유가 스며 있었다. 페이지를 넘기는 손끝에는 묘한 달콤함이 배어 있었다. 그러나 머무름은 오래가지 않았다. 꿀을 빠는 벌처럼 잠시 머물러 달콤한 충전을 마쳤다. 그는, 곧 다시 길 위에서 행복하게 안전하게 달릴 것이었다.

열람실에서 전화가 왔다. "너무 덥고 공기가 탁하다"는 민원이었다. 동료 H와 함께 장갑을 끼고 열람실로 출동했다. 지금 우리가 할 수 있는 일은, 그들의 숨통을 조금이라도 틔워주는 것이었다. 창문을 열고, 출입문까지 활짝 열었다. 차가운 바람이 사물함 끝까지 닿기를, 닫힌 마음까지 열어주기를 바랐다.

혹시 본인 맞으신가요

 6년 차 도서관 노동자인 내게는 조금 특별한 능력이 있다. 20년 전 증명사진을 내미는 이용자의 현재에서 과거를 읽어내는 힘이다. 규정대로라면 신분증을 확인하고 사진 재촬영을 권해야 마땅하지만, 나는 그들의 눈빛 속에 남은 청춘의 흔적을 외면하지 못한다.

 어느 날이었다. 육십대 초반으로 보이는 한 중년 여성이 소설책 서너 권을 대출대에 올려놓으며 회원증을 건넸다. 나는 회원증을 돌려드리며 데스크 앞 바코드 스캐너에 직접 인식시켜달라고 안내했다.

 "삐" 소리와 함께 성공인가 싶었지만, 이내 "삐, 삐,

삐삐삐!" 경고음이 울렸다. 회원증을 연속으로 다섯 번이나 스캔한 것이다. 나는 시스템이 멈출까 싶어 다급히 외쳤다.

"회원님, 한 번만 찍어주세요!"

주변의 시선이 느껴졌는지, 그녀는 황급히 회원증을 스캐너에서 떼고 지갑 속에 넣었다.

회원증을 스캔하면 모니터에 회원 정보가 나타난다. 그때 내가 가장 먼저 하는 일은 사진과 실물을 대조하여 본인 여부를 확인하는 것이다. 그런데 이분, 사진이 너무 젊었다. 순간 딸의 회원증으로 대출하려는 엄마일지 모른다는 생각이 스쳤다. 성인의 대리 대출은 규정상 불가했다.

나는 고개를 들어 다시 그녀의 얼굴을 보았다. 아무리 보아도 오십대는 훌쩍 넘어 보였다. 구구절절한 세월의 서사가 얼굴에 고스란히 새겨져 있었다. 다시 모니터 속 사진을 보았다. 살짝 컬이 들어간 앞머리, 또렷한 쌍꺼풀, 다부진 입술. 청춘 드라마의 주인공이라 해도 믿을 법한 모습이었다.

"혹시 본인 맞으신가요?"

나는 규정대로 물었을 뿐인데, 순간 그녀의 목소리가 날카로워졌다.

"저 맞아요. 도대체 몇 번을 물어요? 신분증 보여드려요?"

그때 모니터 오른쪽 비고란의 작은 메모가 눈에 들어왔다. '본인 사진 맞음.' 다른 담당자도 여러 번 확인했던 모양이다.

"불쾌하셨다면 죄송합니다. 바로 대출해드리겠습니다."

나는 진심으로 사과했다.

더이상의 큰소리는 오고가지 않았다. 그녀는 책을 받아들고 조용히 사라졌다. 하지만 모니터 속 삼십대의 그녀는 찔레꽃 노란 꽃술 같은 눈빛으로 나를 쏘아보는 듯했다. 같은 사람인 줄 몰라본 나를 원망하는 것처럼.

문득 그녀의 지금 얼굴이 떠올랐다. 처진 눈매를 살짝 올리고 팔자 주름을 지우개로 지운 뒤, 성긴 머리숱을 풍성히 채우고 핏기 없는 입술에 생기를 덧입히자, 마침내 두 얼굴이 하나로 포개졌다. 그 순간 나는 성형

외과 의사이자 시간의 감별사가 되었다.

며칠 후, 인터넷뱅킹으로 예금을 가입하다 말고 나는 손을 멈췄다. 지갑에서 꺼낸 낡은 주민등록증 속 낯선 얼굴 때문이었다. '세상에, 이게 누구람?' 이십대 중반의 내가 그 안에 있었다.

사진은 첫 직장이었던 광고회사를 다닐 때 찍은 것이었다. 야근과 동료애를 핑계삼아 밤늦도록 어울려 다니다 지갑을 잃어버렸고, 한 달을 꼬박 기다렸지만 끝내 돌아오지 않았다. 결국 회사 앞 작은 사진관에서 증명사진을 다시 찍어야만 했다.

무슨 자신감이었는지, 당시 나는 앞머리를 모두 넘긴 '올백' 머리에 입술만 새빨갛게 칠한 채였다. 사진관 주인의 주문에 따라 몸을 살짝 오른쪽으로 틀고, 잡지 표지 모델이라도 된 듯 입꼬리를 힘껏 끌어올렸다. '웨딩 촬영이라도 하나' 속으로 투덜거리면서도 시키는 건 다 했다.

결과는 대만족이었다. 그 미소가 어찌나 자랑스럽던지, 신분증을 내밀 때마다 절로 어깨에 힘이 들어갔다.

너무 힘을 준 탓이었을까. 어느 날 빽빽한 지갑을 견디지 못한 신분증이 두 동강 나고 말았다. 나는 재발급 대신 투명 테이프로 감쪽같이 이어붙였다. 청춘의 가장 빛나는 순간을, 그렇게라도 영원히 붙잡아두고 싶었던 모양이다.

그럼에도 나는 내 얼굴의 변화에 언제나 관대했다. 1년 전의 나와 지금의 나는 똑같아 보였고, 1년 후의 나 또한 다르지 않을 거라 믿었다. 그렇게 30년 가까운 세월이 흘렀다. 내 눈에는 여전히 이십대 사진 속에 오십대의 내 모습이 겹쳐 보였다. 만약 내가 이 신분증을 내밀었을 때 본인 확인을 요구받았다면 어땠을까. 도서관에서의 그녀는 생각보다 훨씬 차분하고 점잖게 대처한 것이었다.

그날 이후, 나는 조금 더 너그러운 직원이 되기로 했다. "오랜만에 왔는데, 회원증 사진 안 바꿔도 되나요?"라고 묻는 분들께 이렇게 답한다.

"예전 모습 그대로시네요. 하나도 안 변하셨어요."

이 말을 듣고 언짢아하는 사람은 지금까지 한 명도 없었다.

이런 너그러움은 단순히 좋은 시력에서 나오지 않는다. 세월을 거슬러 과거와 현재를 겹쳐 보고, 희미해진 눈빛과 미소에 남은 청춘의 조각을 읽어내는 섬세함이 필요하다. 모니터 속 그들의 가장 빛나던 시절을 들여다보다보면 어느새 코끝이 찡해진다. 그들의 청춘이 사라지지 않고 여전히 존재함을 믿어주는 일. 나는 그 따뜻한 신뢰만으로 기꺼이 대출 버튼을 누른다.

할머니들의 슬기로운 도서관 생활

 나의 두번째 도서관은 '햇빛 맛집'이었다. 오전 열한 시, '햇빛 브런치' 시간이 되면, 그 맛집을 기가 막히게 찾아낸 할머니들이 사륜구동 에스유브이보다 든든한 '연륜(年輪) 구동 유모차'를 끌고 도서관 앞마당으로 모여든다.

 굽은 등은 데워진 벽에 기대고, 양손은 유모차 손잡이를 꼭 쥔 채다. 얼굴은 해를 향했다가, 서로를 마주 본다. 겨울 햇살을 햅쌀처럼 꼭꼭 씹어 삼키니, 속이 든든해져 간만에 뱃구레가 다 호사를 누린다.

 처음에는 따뜻한 안방을 두고 굳이 밖으로 나온 할

머니들이 유별나 보였다. 연골도 성치 않을 무릎으로 매일같이 모이는 모습이 안쓰럽기보다 의아했다. 그러다 우연히 동료들과 할머니들의 '맛집'에 서보게 되었다. 세상에, 그렇게 따사로운 겨울 햇빛은 처음이었다. 왜 할머니들이 이곳을 명당으로 콕 찍었는지 단번에 알 수 있었다.

우리도 할머니들처럼 벽에 몸을 기댔다. 꽁꽁 싸맨 목도리를 풀어도 좋을 만큼 온몸이 노곤하게 데워졌다.

"30년 뒤에 우리도 유모차 끌고 여기서 만나자."

농담이었지만, 마냥 농담만은 아니었다. 늙으면 햇빛이 보약이라지 않나. 게다가 무료에 무한 리필이니, 이보다 더 착한 맛집이 어디 있을까.

그림 그리는 할머니 한 분이 도서관에 자주 오셨다. 어느 날 "사자 그림을 찾고 싶은데, 좀 찾아줘요" 하고 물으셨다. 우리 동네에서 유명한 화가 할머니였다. 청력이 좋지 않아 목소리가 컸는데, 그 소리는 꼭 강연장의 주인공처럼 도서관 한 층을 가득 메웠다. 삶을 향한 그녀의 의욕적인 자세는 우리의 마음까지 울렸다. 화가 할머니 역시 유모차를 끌고 오셨다. 햇빛 브런치 타임의 회원이었는지는 잘 모르겠다. 그녀들은 옷과 헤어스타일, 보유 차량까지도 모두 비슷해서 쉽게 구별하기 힘들었다.

원래 할머니의 페르소나는 꽃이었는데, 이번엔 동물 그림을 그리실 모양이었다. 문헌정보실과 어린이실 직원이 총동원되었다. "어르신, 이 동물도감 어떠세요?" 각자의 자리에서 가장 멋진 사자 그림을 찾아 가져다 드렸다. 다행히 할머니 마음에 쏙 드는 책이 있었다. 대출할 때면 할머니가 도서관 회원증을 얼마나 소중히 여기는지 알 수 있었다. 유모차에 실린 낡은 가방, 그 안 깊숙이 숨겨둔 지갑에서 세상 전부인 양 회원증을 꺼내셨다.

할머니는 도서관에서는 스케치를 하고, 채색은 집에 가서 하셨다. 뒤늦게 그림을 배우셨다는데 취미라 하기엔 실력이 아까웠다. 언젠가 엽서로 제작된 할머니의 꽃 그림을 보고 깜짝 놀란 적이 있다. 그 속에는 화양연화, 생의 가장 찬란한 순간들이 담겨 있었다. 미국에 모지스 할머니가 있다면, 우리 동네엔 바로 이분이 있었다. 그런 그녀가 찾아주니, 도서관으로서도 영광이었다.

슬기로운 도서관 생활을 즐기는 분 중에는 치매 할머니도 계셨다. 아침마다 사이좋은 자매처럼 보이는 두 분이 문헌정보실을 찾았다. 동생은 소설을, 언니는 『좋은생각』 같은 큰 글자 잡지를 읽었다. 나는 같은 동네에서 함께 늙어가는 자매의 모습이 노후의 축복처럼 보였다. 어느 날 동생분께 "언니랑 사이가 참 좋아 보이세요"라고 말을 건넸다가, 뜻밖의 대답을 들었다.

"언니가 아니에요. 제가 돌봐드리는 치매 어르신이에요."

우리가 언니라고 생각했던 분은 경증과 중증 사이를 오가는 치매 환자였다. 젊을 적 책을 워낙 좋아해 도서관에 오는 일과를 가장 즐기신다고 했다. "안녕하세요" "안녕히 계세요" 하고 어찌나 명랑하게 인사하시는지, 덩달아 도서관 전체가 유쾌해졌다. 그토록 지적이고 행복해 보이는 치매라니.

도서관을 '할아버지 유치원'쯤으로 활용하는 할머니도 계셨다. 그 명랑함 또한 우리가 감히 따라갈 수 없었다. 폭염이 기승을 부리던 여름날, 저녁 여섯시 교대 근무 시간에 맞춰 할머니 한 분이 들어오셨다.

"도서관 여섯시에 끝나죠? 이제 우리 집 양반 좀 데려갈까 하고."

"아니에요, 어르신. 밤 열시까지 합니다."

"뭐요? 열시?"

순간 할머니 얼굴에 화색이 돌며 대낮처럼 환해졌다.

"우리 집 양반, 더 있다 오라고 해야겠네!"

어느새 옆에 온 할아버지는 집에 갈 채비를 하고 있었다.

"당신 들었지? 열시까지래. 좀만 더 있다 와."

"싫어, 집에 갈 거야."

배고픈 할아버지와 한 시간만 더 자유를 누리고픈 할머니. 유치원생 아들과 엄마의 실랑이 끝에 지는 건 언제나 엄마다. 결국 할머니가 졌다. 대낮 같던 얼굴이 순식간에 밤이 되었다. 토라진 할머니의 뒤꽁무니를 쫄랑쫄랑 따라가는 할아버지의 뒷모습이 의기양양했다. 승리란 저런 것, 우기면 장땡인 것.

그 무렵, 신착 도서인 『오지게 재밌게 나이듦』이라는 에세이를 읽었다. 삶이 오지게 재미없게 늙어갈까 두려웠던 시기였다. 책 속 유쾌한 할머니들의 이야기를 읽으며, 아직 오지 않은 노년이 뜻밖에 재밌을지도 모르겠다고 생각했다.

도서관에서 만난 할머니들도 칠곡의 할머니들과 다르지 않았다. 도서관 마당에서 햇빛 브런치를 즐기고, 오후에는 그림을 그리고, 『좋은생각』으로 마음에 약을 채운다. 할아버지는 잠시 도서관에 맡겨두고 홀가분한 자유를 맛본다. 이 모든 일상이 '오지게 재밌는 삶'이 아니고 무엇일까.

과거의 나는 다른 노년을 동경했다. 직장은 우리나라에서 가장 땅값이 비싼 동네에 있었다. 점심이면 만 원짜리 밥을 먹고, 눈요기로 백화점을 둘러보곤 했다. 그곳의 식당가는 '진짜 브런치'를 즐기는 할머니들로 가득했다. 값비싼 옷과 가방을 걸친 그들을 보며, 경제적 풍요가 노년의 여유를 만든다고 믿었다. 그리고 그 믿음은 직장을 끝까지 다녀야겠다는 결심으로 이어졌다.

그 무렵 가장 부러웠던 건 브이아이피 룸에서 나오는 다정한 모녀였다. "엄마, 아까 본 거 그냥 사." "그래, 너도 하나 더 사렴." 그들의 대화는 용돈 10만 원에 쪼잔함과 서운함을 오가는 우리 모녀와는 너무 달랐다. 역시 돈이 있어야 딸과 다정해지는구나, 생각했다. 그게 벌써 10년 전이다.

물론 우리 동네에서 '햇빛 브런치'를 즐기시는 할머니들과, 백화점에서 '브런치'를 즐기시는 할머니들의 삶을 단순 비교할 수는 없다. 두 삶 모두 내겐 오지게 재미있고, 또 오지게 부러운 모습이다. 하지만 내 가슴을 더 오래 쿵쾅거리게 하고, 더 오래 벅차오르게 하는 것은 단연 우리 동네 도서관을 옴팡지게 활용하는 할머니들이었다.

어쩌면 그 모습이 내게 더 현실적인 미래여서일지 모른다. 할머니들의 슬기로운 도서관 생활 덕분에, 중년을 지나는 나의 하루도 오늘, 조금 더 슬기로워진다.

노인과 바다 × 노인과 도서관

007가방을 들고 도서관에 오시던 남성분이 있었다. 노년이라 하기엔 아직 정정했고, 중년이라 부르기엔 세월의 결이 깊었다. 체격은 중량급 이상으로 다부졌다. 나는 존경의 마음을 담아 그분을 '007가방 어르신'이라 불렀다. 유물처럼 낡은 그의 가방은 나뿐 아니라 문헌정보실 모든 직원의 호기심을 자극했다.

정체가 궁금했다. 전직 비밀 요원일까, 혹은 멸종된 직업인 백과사전 외판원일까. 가방 안에는 분명 범상치 않은 무언가가 들어 있을 것만 같았다. 하지만 섣부른 단정은 금물이다. 인생이란 언제나 예상을 기분 좋게 배신하니까.

 007가방 어르신은 다음 회가 잠겨 있는 오티티(OTT) 드라마처럼 애를 태웠다. 하지만 조금만 더 관찰하면 그의 정체를 가늠할 단서들이 의외로 선명하게 드러났다. 이를테면 나무 독서대를 펼치고 책을 읽기 시작하면 몇 시간이고 미동조차 하지 않았다. 그리고 노트북 화면에는 무언가를 끊임없이 써 내려갔다. 소설가일까, 수필가일까. 그의 뒷모습은 수백 년 된 참나무 같았다. 어떤 외풍에도 흔들리지 않는 뿌리 깊은 존재감. 그 단단함은 견고한 시멘트 바닥을 뚫고도 남을 기세였다.

 당시 그 도서관에는 유독 글을 쓰러 오는 어르신이 많았다. 매년 신춘문예에 시를 응모하는 분도 계셨다. 어느 날 그가 데스크로 와서 국문학 전공자가 있는지 물었다. 내가 국문학과 출신이라고 밝히자, 어르신은 간절한 눈빛으로 물었다.

 "내가 신춘문예에 자꾸 떨어지는 게, 혹시 맞춤법 때문일까요?"

 나는 조심스럽게 대답했다.

"그게 이유 중 하나일 수는 있겠지만, 당락을 결정할 만큼 결정적인 이유는 아닐 겁니다."

내가 국문학을 전공했다는 사실을 안 뒤부터, 어르신의 태도는 눈에 띄게 달라졌다. 나를 '대출 데스크 직원'이 아닌 '문학을 나눌 수 있는 동료'로 격상시켜주신 듯했다. 며칠 뒤, 어르신은 당신의 시를 내게 보여주셨다.

우리는 시와 음악, 미술에 대해, 그리고 몇몇 문예지의 등단 절차에 대해 오래 이야기했다. 하지만 끝내 나 역시 한때 시를 썼다는 말은 꺼내지 못했다. 펄펄 끓는 그의 열정 앞에서 내 식어버린 습작 노트는, 뚝배기 옆에 놓인 오래된 멸치볶음처럼 초라하게 느껴졌기 때문이다.

또다른 어르신의 꿈은 시나리오 작가였다. 그는 매일 사물함에서 전용 방석을 꺼내 열람실 한 자리를 지켰다. 어느 날, 그는 다짜고짜 우리에게 드라마 피디를 아는 사람이 있는지 물었다. 자신이 쓴 시나리오를 꼭 좀 전해주고 싶다는 것이었다. 아는 사람이 없다고 하자, 어르신의 얼굴에 짙은 실망감이 그림자처럼 드리워졌다. 내심 다행이라 생각했다. 어설픈 희망을 드리는 것보다 정직한 사실이 덜 죄송할 테니까.

그는 주로 벤치에 앉아 도시락을 드셨는데, 하루는 흰밥에 스팸 한 조각이 전부인 것을 보았다. 도서관에서 글을 쓸 때의 열정적인 모습과 달리, 식사 시간의 그는 가볍고 편안해 보였다. 점심시간만 기다려 식당으로 달려가던 내 모습과는 사뭇 다른 풍경이었다. 그에게 식사는 생존을 위한 최소한의 행위였고, 글쓰기는 존재를 위한 전부인 듯했다.

각자 식사하는 두 분을 뵐 때면, 시 쓰는 어르신과 시나리오 쓰는 어르신이 친구가 되면 좋겠다고 생각했다. 두 분이 점심을 함께하며 시와 시나리오에 관해 열띤 토론을 벌이는 모습을 상상하곤 했다.

어느 날, 시 쓰는 어르신이 케이크 한 상자를 사오셨다. 규정상 받을 수 없다고 정중히 사양했지만, 어르신의 고집을 꺾을 수는 없었다. 알고 보니 팔순을 자축하는 케이크였다. 가족과 다름없는 도서관 직원들과 꼭 함께 나누고 싶다고 하셨다. 얇은 모카 케이크의 단면이 드러났을 때, 나는 겹겹이 쌓인 어르신 생의 지층을 보았다. 생각의 결은 부드러웠고, 꿈의 향은 달콤했으며, 지혜의 맛은 고소했다. 우리는 감사히 어르신의 그 마음을 나누어 먹었다.

우리도 가만히 있을 수 없었다. 직원들과 함께 윤동주 시인의 『별 헤는 밤』 필사 노트와 예쁜 만년필을 준비했다. 엽서에는 이렇게 적었다.

"어르신의 시 쓰는 낮을 응원합니다."

어르신의 낮은 언제나 뜨거웠고, 순수했으며, 아름다웠다.

다른 도서관으로 발령이 나며 가장 아쉬웠던 것은, 문학에 대한 열정으로 달아오르던 그 낮의 온기를 더는 곁에서 지켜볼 수 없다는 사실이었다. 얼마 후, 어르신이 우리 도서관 책을 예약했다는 알림이 떴다. 나는 책 위에 붙이는 예약 용지에 작은 별 하나를 그려 보냈다. 그 응원의 빛이 부디 그곳까지 닿기를 바라는 마음으로.

얼마 전, 인터넷 중고 서점에서 삼중당 문고판 『노인과 바다』를 어렵게 구했다. 열네 살 무렵 처음 읽었을 땐 도무지 이해할 수 없는 이야기였다. 고기를 못 잡았으면 그냥 돌아오면 될 것을, 왜 저토록 미련하게 버티는 걸까. 노인의 고집에 전혀 공감할 수 없었다. 그런데 수십 년이 지나 다시 읽으니, 비로소 그 행위가 품은 거룩한 무언가가 느껴졌다.

노인의 삶은 고독했고 현실은 가난했다. 팔십사 일의 실패 끝에 거대한 청새치를 낚았지만, 그마저도 상어떼에게 모두 빼앗기고 만다. 항구로 가져온 것은 치열한 사투의 증거인 거대한 뼈뿐이었다. 그러나 그는 좌절하지 않고 소년에게 말한다. 다시 함께 바다로 나가자고. 그것은 노욕도 과욕도 아니었다. 인간만이 품을 수 있는 존엄한 신념이자, 식지 않는 열정이며, 끝내 꿈을 놓지 않겠다는 의지의 표명이었다.

끝까지 자신의 꿈을 포기하지 않는 사람들만이 가질 수 있는 끈질긴 열정과 기꺼운 고독. 나는 그 위대한 인간의 투지를 도서관의 어르신들에게서도 똑같이 느꼈다. 신춘문예 당선을 꿈꾸며 시를 고쳐 쓰고, 자신이 쓴 드라마가 언젠가 방영되리라 믿는 그들. 오늘도, 내일도 그들은 바다처럼 깊고 막막한 도서관에서, 밥보다 귀한 '글밥'을 묵묵히 짓고 있었다.

007가방의 비밀은 끝내 확인하지 못했다. 그것은 마치 드라마의 열린 결말처럼 남았다. 하지만 가끔 상상한다. 그 안에 왕뚜껑 컵라면 하나가 들어 있는 모습을. 만약 그렇다면, 그것이야말로 내가 생각하는 가장 완벽하고 인간적인 결말일 것이다.

바다를 건너온 한 권의 책

아주 어릴 적, 할아버지는 내가 은행원이 되길 바라셨다. 여자가 상고를 나와 은행에 취직하는 것이 가장 안정적인 삶이라 굳게 믿으셨다. 부모님은 선생님이 최고라고 하셨다. 존경받는데다 여자가 하기에 가장 좋은 직업이라는 이유였다. 정작 나는 간호사가 되고 싶었다. 병원에 가면 의사는 대부분 남자이고 간호사는 여자였던 시절, 흰 원피스를 입은 간호사의 모습이 눈부시게 예뻐 보였다. 그러다 드라마 속 부잣집 사모님이라도 볼 때면, '여자 최고의 팔자는 역시 현모양처'라는 생각에 기우뚱하기도 했다.

"여자가……" "여자니까……" "여자가 하기에……" 세상은 소녀들에게 정해진 몇 개의 길만을 보여주었고, 우리는 그 안에서 가장 안전한 길을 고르는 것이 현명함이라 배웠다. 지금 돌이켜보면 에스에프 소설보다도 더 황당무계한 세계관이었다.

중학생이 되자 제법 머리가 굵어졌다. 그즈음부터 '꿈'이란 누가 정해주는 답이 아니라, 스스로 찾아 떠나는 질문이라는 사실을 어렴풋이 깨달았다. 그런 의미에서 나의 첫 꿈은 기자였다. 사회의 부조리를 파헤치는 냉철한 기자가 아닌, 잡지에 연예 기사를 쓰는 말랑말랑한 연예부 기자. 사춘기 시절, 무미건조한 내 일상을 핑크빛으로 물들여준 유일한 존재, 당시 '한국의 제임스 딘'이라 불리던 최재성 오빠를 가장 가까이서 볼 수 있는 길처럼 느껴졌다.

기자가 되려면 글을 잘 써야 한다고 믿었고, 그래서 글을 쓰기 시작했다. 일기를 방학 숙제용으로 억지로 쓰는 것이 아니라, 오직 글쓰기 연습을 위해 처음 쓴 것도 그때였다. 시도 썼다. 지금도 기억나는 첫 시의 제목은 '술과 술잔'. 무지 노트에 시를 쓰고, 그 옆에 주전자와 잔을 그렸다. 할아버지는 늘 정종을 데워 주전자에 담아 드셨는데, 그 덕에 소주병이 아닌 옛 선비의 기품이 느껴지는 시화를 그릴 수 있었다. 구체적인 내용은 희미하지만, 사랑하는 연인을 술과 술잔에 비유한, 제법 조숙한 시였다. 돌이켜보면, 그때부터 애주가의 운명이 예고되었는지도 모르겠다.

고등학교에 들어가자마자 교지 편집부에 지원했다. 50대 1의 경쟁률. 성적과 글쓰기, 면접까지 세 개의 관문을 통과해야만 합격증을 손에 쥘 수 있었다. 그후로는 매주 한 편씩 취재 수첩을 써서 제출해야 했고, 1년에 단 한 번 발간되는 교지를 위해 매일같이 동아리방을 들락거렸다.

자연스레 성적은 떨어졌다. 기자가 되기 위해 학교 기자가 되었는데, 아이러니하게도 그 선택은 나를 기자가 되기 위한 현실적인 조건들로부터 점점 멀어지게 했다. 그래도 잃는 것만 있지는 않았다. 선생님들 눈에 잘 띄게 된 덕분에, 학교 대표로 백일장에 나갈 기회가 잦았다. 그러다 우연히 제법 규모 있는 대회에서 '서울시 장원'이라는, 분에 넘치는 영광을 안았다.

학교도, 집도 발칵 뒤집혔다. 교장 선생님의 훈화 말씀에 내 이름이 등장했고, 담임선생님은 나를 '미래의 박완서'라며 한없이 추켜세우셨다. 어깨가 한껏 으쓱해졌다.

어느 날, 학교로 내 이름이 적힌 소포 하나가 도착했다. 책 한 권과 손 글씨 엽서 한 장. 발신인은 박연구 수필가, 백일장 심사위원 중 한 분이었다. 떨리는 손으로 엽서를 뒤집었다.

"앞으로 글 잘 쓸 후배를 만난 것 같아 매우 기쁩니다."

가문의 영광이 따로 없었다. 마치 대종상 여우주연상 후보에라도 오른 듯한 기분. 아니, 그보다 더한, 예비 작가라는 명단에 내 이름 석 자가 처음으로 새겨진 듯한 감격이었다.

정말 내가 작가가 될 수 있을까. 그날 이후, 나는 진지하게 고민하기 시작했다. 기자가 아닌 작가로 산다는 건 어떤 삶일까. 소문처럼 정말 배고픈 직업일까. 부모님이 반대하면 어쩌지. 소설, 시, 드라마, 무엇을 써야 할까. 수많은 망설임과 두려움보다 앞선 마음은 단 하나였다. '일단 그냥, 작가가 되고 싶다.' "글 잘 쓸 후배"라는 그 한마디는 그렇게, 내 꿈의 방향을 완전히 바꾸어놓았다.

나의 꿈을 작가로 만들어준 그 책과 엽서를, 나는 오랫동안 잊고 지냈다. 결혼할 때 신혼집으로 가져가지 않았다. 버린 것은 아니었다. 차마 버릴 수 없었던 몇 가지 유물들을 종이상자에 담아 본가 창고에 두고 왔다. 언젠가 다시 들여다볼 요량이었다. 하지만 결혼 이후의 시간은 파도처럼 밀려와, 그 상자를 돌아볼 여유를 허락하지 않았다.

그렇게 몇십 년의 조류가 흘렀고, 상자는 흔적도 없이 사라졌다. 부모님은 그 상자를 아마, 기억나지 않는 어느 날 깊은 바다 어딘가로 흘려보내신 듯하다. 기억 속에는 분명히 존재하지만, 이제는 현실에서 결코 닿을 수 없는 아주 먼바다.

다시 온라인 플랫폼에 에세이를 쓰기 시작했을 무렵, 문득 박연구 수필가의 이름이 떠올랐다. 인터넷을 검색하니, 그는 수필을 본격적인 문학 장르로 세우기 위해 평생을 헌신한 분이었다. 그 시절, 수필 문학의 대부로 불렸던 분. 그분이 내게 보내주셨던 책의 제목은 『바보네 가게』였다. 손바닥만한 작은 판형의 책. 30년이 훌쩍 지난 탓에 내용은 한 줄도 기억나지 않았다. 혹시라도 그 책이 도서관 어딘가에 남아 있지 않을까. 관내 도서관은 물론, 인근 지역 도서관까지 검색했지만 책은 없었다. 오래전에 절판된 책이었다.

그때, 국립중앙도서관의 '책바다 서비스'가 떠올랐다. 전국의 도서관을 하나의 바다로 잇는 협력 시스템. 나는 희망을 품고 책바다 사이트에서 『바보네 가게』를 검색했다. 다행히 어느 먼 도서관에 소장중이었다. 며칠 후, 책이 도착했다는 알림이 떴다. 택배 전용 가방을 열자, 낡고 오래된 책 한 권이 모습을 드러냈다.

'아, 이 책.' 표지가 전혀 낯설지 않았다. 나는 조심스럽게 페이지를 넘겼다. 예상대로 내용은 기억나지 않았다. 하지만 단 하나, 선명하게 기억나는 것이 있었다. 책을 받고 세상을 다 가진 듯 들떴던 마음. "글 잘 쓸 후배"라는 말에 어깨뽕이, 마음에 글뽕이 한가득 차올랐던 열여덟 살의 자부심.

그때 내가 조금만 더 철이 들었다면, 선생님께 좋은 글을 쓰는 작가가 되겠노라고 답장을 보냈을 것이다. 하지만 열여덟의 나는 너무 어렸고, 숫기가 없었다. 이제라도 인사를 드릴 수 있다면 좋으련만, 선생님은 오래전에 세상을 떠나셨다. 지금 내가 할 수 있는 유일한 답례는 묵묵히 좋은 글을 쓰는 것. 당신의 안목이 틀리지 않았음을, 나의 글을 통해 증명해 보이는 일일 것이다.

『바보네 가게』를 다시 읽는다. 책바다 서비스의 최대 대출 기간은 3주. 3주가 지나면 이 책은 다시 바다를 건너, 내가 알지 못하는 저 먼 서가로 돌아가야 한다. 그러니 이 책을 품는 동안만이라도, 잊고 있던 마음을 다시 꺼내야겠다. 움츠렸던 어깨를 펴고, "글 잘 쓸 후배"라는 그 말을 훈장처럼 다시 어깨에 장착해야겠다.

책바다 덕분에, 내 기억의 깊은 바닷속에 가라앉았던 보물상자가 돌아왔다. 3주 후면 다시 떠나보내야 할 소중한 추억이기에, 책 몇 장을 사진으로 남겨두었다. 그때의 꿈이 그리워질 때마다, 가만히 꺼내어 들춰 볼 생각이다.

인생은 삶겹살처럼

 도서관이 일주일간 휴관에 들어갔다. 내부 시설 정비를 위한 기간이었지만, 도서관 문이 닫히면 직원들의 일은 오히려 폭주한다. 이용자와 마주할 때는 감히 손댈 수 없었던 일들이 한꺼번에 몰려오기 때문이다.
 첫날의 과업은 '서가 대이동'이었다. 책들은 칸마다 균일하게 배열되어 있지 않았다. 어떤 칸은 비좁아 터질 듯했고, 어떤 칸은 헐렁했다. 이런 밀도의 불균형은 신착 도서가 꾸준히 일반 서가로 밀려오면서 생긴 현상이다. 공평하지 않은 세계는 청구기호의 세계에도 엄연히 존재했다. 어떤 기호의 책은 세상에 너무 많이 태어났고, 어떤 기호의 책은 드물게 태어났다.

우리는 2인 1조가 되어 릴레이 경주처럼 책을 넘기고 받았다. 맨 아래 칸의 책은 옆 서가 맨 위로, 맨 위의 책은 아래 칸으로 옮겨졌다. 하나의 칸을 비워야 다음 칸을 채울 수 있는, 거대한 도미노 같았다. 그러면서 자연스레 로열석을 차지하던 책이 아래로 밀려나고, 바닥에 있던 책이 로열석을 꿰차기도 했다. 책들의 부침(浮沈)을 보며, 오르막과 내리막을 반복하는 인생의 경로와 비슷하다고 생각했다.

813.6 ㄱ에서 시작한 정리는 어느새 863번 서가에 닿았다. 여기서부터는 베르나르 베르베르의 세계다. 그의 책은 서가 두 칸을 빼곡히 점령하고 있었다. 1961년생인 그가 앞으로 써 내려갈 책이 얼마나 많을지, 또 몇 칸의 서가를 더 채우게 될지 상상해보았다.

서가 정리를 마치고 나니 온몸이 땀에 흠뻑 절었다. 소금에 절인 간고등어가 된 기분이었다. 그대로 에어컨 바람을 맞았다. 시원한 냉기가 살갗을 타고, 근육을 지나, 마음 깊숙한 곳까지 스며들었다. 땀이 식자, 오래 묵은 숙제를 끝낸 듯 후련함이 밀려왔다. 이 뿌듯한 상쾌함이야말로 노동이 주는 가장 정직한 답례였다.

마스크를 썼지만, 오래된 책 먼지 탓인지 목이 칼칼했다. 한 동료는 연달아 재채기를 터뜨렸다. 그 모습을 보며 누군가 말했다. 목 안의 먼지를 씻어내는 데는 삼겹살이 최고라고.

퇴근길, 휴무였던 남편에게 전화를 걸었다. 마침 딸도 기말고사를 마쳤으니, 다 함께 삼겹살을 먹자고 했다. 마트 정육 코너에 들렀다. 가장 좋은 자리에는 1++ 등급 한우가 보석처럼 진열돼 있었다. 구름 같은 마블링, 눈부신 선홍빛 채끝살. 가격표를 몇 번이나 확인했지만, 파격 할인을 해도 우리 가족이 마음껏 먹기에는 턱없이 비쌌다. 결국 처음 계획대로 삼겹살을 골랐다. 기왕이면 넉넉히 먹자며 두 근에 300그램을 더 얹었다.

내가 마트에 다녀오는 사이, 남편은 마당 화로에 숯을 피우고 있었다. 며칠 전 인터넷에서 8만 원을 주고 산 무쇠 솥뚜껑의 개시일이었다. 벌겋게 타오르는 숯불 위에 솥뚜껑을 올리자, 처음엔 약하던 불길이 점점 강해졌다. 이내 무쇠 솥뚜껑이 기름을 머금을 준비를 마쳤다.

  삼겹살 한 줄이 하얗게 익더니 금세 노릇하게 변했다. 타지 않게, 그러나 속까지 제대로 익게. 남편은 쉴 새 없이 고기를 뒤집고 또 뒤집었다. 잘 익은 한 점을 딸들의 입에 넣어주자, 약속이라도 한 듯 "맛있다!"라는 감탄이 터져나왔다. 아이들의 엄지척에 남편의 얼굴도 환해졌다. 고기를 손질하고 불을 피우던 몇 배의 번거로움이 순식간에 잊혔다.

  무쇠 솥뚜껑이 만들어낸 고기의 맛은 전기 프라이팬과 차원이 달랐다. 겉은 바삭하고 속은 촉촉했다. 문득 깨달았다. 정성이라는 수고로움이 더해져야만 비로소 만날 수 있는 감동적인 순간들이 삶에도 있다는 것을. 시험을 마친 딸에게 이런 이야기를 해주고 싶었지만, 내 말이 '잔소리'가 될까 싶어 입을 다물었다.

  그냥 오늘은, 잘했다고, 수고했다고, 칭찬만 해주는 날. 잔소리, 쓴소리, 어설픈 삶의 격언 따위는 잠시 넣어두기로 한다. 힘들었던 순간들은 기름처럼 빠져나가고, 행복한 기억만이 노릇하게 익어갔다. 책을 밀고, 채우고, 옮기던 서가처럼, 서로의 고단함을 덜어주고,

밀어주고, 채워주는 이 밤. 삼겹살이 삶이 되고, 삶이 삼겹살이 되는 순간이었다.

고기를 굽던 집게가 바닥에 떨어졌다. 몸을 숙이는 순간, 화로 아래를 빠르게 지나가는 개미 한 마리가 눈에 들어왔다. 베르나르 베르베르의 소설 속 장면처럼 분주한 몸짓은 아니었지만, 저 작은 생명도 오늘 하루 고단했으리라. 그 개미에게도 삼겹살 한 점을 나눠주고 싶어졌다.

삼겹살을 구우며

마트 정육 코너
소고기 안심은 카드값이 안심이 안 돼
소고기 채끝은 남편 뒤끝이 무서워
그래도 1학기 끝낸 우리 둘째
삼겹살은 먹여야지 싶어
얼마일까 두 근 두 근 하다
그냥 300그램 더 올려서
삼겹살 두 근 반을 샀다

솥뚜껑 불판 위에 오르면
투뿔 한우나 삼겹살이나
고기가 거기서 고기

딸, 다음 학기는 잘해보자
격려하면서 한 점
금 투자로 쪼금 돈 번 남편도
잘했다고 추켜세워주며 한 점
그럭저럭 살아낸 오늘도 한 점
위태롭게 살아낼 내일도 한 점

이글이글 타오르는 솥뚜껑
잘했다, 멋지다
응원하는 살들이, 아니 삶들이
한 점 한 점 오른다

솥뚜껑같이 뜨거운 세상 위에서
너나 나나 우리나

사는 게 거기가 고기

응원이라는 화끈한 불판에
바싹바싹 잘 구워지는
삼겹살이 삶겹살이 되어
삶, 겹겹이 익어간다
삶겹살이 구워진다

명절에도 열어주세요

 명절 연휴를 앞두고, 자주 오시는 어르신 한 분이 데스크로 다가와 물으셨다.
 "혹시 명절에도 도서관 문을 여나요?"
 "저희는 삼 일 동안 휴관합니다. 명절 전날과 당일, 그리고 다음날까지요."
 "휴우……"
 내 대답에 실망하셨는지, 그는 길게 한숨을 내쉬고는 조용히 돌아가셨다.
 이번 설 연휴는 임시공휴일까지 더해져 무려 엿새였다. 대부분의 공공기관이 그 기간에 문을 닫는 동안,

도서관은 단 사흘만 쉰다. 그런데도 어르신의 한숨은, '왜 명절에 문을 열지 않느냐'는 무언의 항의처럼 내 마음에 남았다.

모든 소음이 멈춘 듯 조용하던 어느 오후, 문헌정보실 어딘가에서 전화벨보다 더 큰 목소리가 울려퍼졌다. 한 어르신이 통화중이셨다. 서가의 책들도 놀라 깨어날 만큼 우렁찬 소리였다.

"뭐라고요? 네네…… 그래요? 아, 가만있자……"

나는 잠시 망설이다 조용히 다가가, 통화는 밖에서 부탁드린다고 말씀드렸다. 자세히 보니, 얼마 전 명절 휴관을 물으셨던 바로 그분이었다. 그러나 내 안내는 묵묵히 무시되었고, 목소리는 오히려 점점 더 커졌다. 나는 다시 한번 조심스럽게 다가가, 조금 더 단호한 어조로 요청을 반복했다. 어르신의 얼굴이 붉게 상기되었다. 내 말 때문인지, 아니면 다급한 통화 내용 때문인지는 알 수 없었다. 그 일 이후로, 어르신의 모습은 다시 보이지 않았다.

퇴근 삼십 분 전, 전화벨이 울렸다.

"안녕하세요. ○○도서관 문헌정보실입니다."

"아까 도서관에서 시끄럽게 통화한 사람인데요. 혹시 3층에 계시던 선생님 좀 바꿔주실 수 있나요?"

"제가 3층 근무자입니다."

목소리를 들으니 바로 그 어르신이었다. 나를 찾는 이유가 왠지 불안했다. 두 번이나 주의를 드린 것에 기분이 상하신 걸까. 민원이라도 넣으시려는 걸까. 하지만 내 예상은 완전히 빗나갔다.

"사실은요, 아까 집에 불이 났어요."

"네? 불이 났다고요?"

너무 놀라 나도 모르게 목소리가 커졌다. 무인 대출 반납기 근처에서 책을 정리하던 동료가 내 고성에 놀라 달려왔다. 그제야 정신을 차리고, 조용히 책을 읽던 다른 이용자들을 의식했다. 나는 불이 난 장소가 도서관이 아니라는 것을 알리기 위해, 일부러 목소리 톤을 한 단계 더 높여 말했다.

"아, 어르신 댁에서 불이 났다고요?"

"네, 우리집에서요……"

사연은 이러했다. 도서관에 오기 전, 물을 끓이려 가스레인지에 주전자를 올려두고는 깜빡 잊은 채 집을 나셨던 것이다. 물이 모두 증발하고 주전자가 타면서 집안에 연기가 자욱해졌다. 천만다행으로, 얼마 전 설치한 '응급안전 알림서비스'가 작동해 소방서에 자동으로 신고가 들어갔다. 곧바로 출동한 소방관이 현관문 비밀번호를 묻기 위해 전화를 걸었지만, 불이 났다는 말에 너무 당황한 나머지 한참 동안이나 비밀번호가 생각나지 않았다고 했다.

말씀을 듣는 내내 얼굴이 화끈거렸다. 불길의 위험보다 더한 공포에 떨고 계셨을 어르신. 그런 줄도 모르고, 나는 규정이라는 얄팍한 방패 뒤에 숨어 그를 두 번이나 재촉했던 것이다.

"지금은 괜찮으신 거죠?"

"네. 다행히 불이 더 번지진 않았어요. 그런데 아직도 심장이 벌렁거려서 진정이 안 돼요. 우리 아파트가 27층인데, 제가 5층에 살거든요…… 그런데요, 혹시 제가 도서관에서 떠들었다고 해서 이제 못 오게 하거나 그러진 않겠죠?"

"무슨 말씀이세요. 절대 그런 일 없습니다."

"갑자기 덜컥 걱정이 되더라고요. 제가 사실 혼자 살

아서…… 낮에는 도서관 말고는 딱히 갈 데가 없거든요."

"아무 걱정 마시고 내일도 꼭 오세요."

어르신을 안심시켜드리기 위해 한참을 더 통화했다. '응급안전 알림서비스'를 설치하게 된 사연까지 듣고 나니, 명절에 도서관이 쉰다고 했을 때 어르신이 왜 그토록 아쉬워하셨는지 비로소 알 것 같았다.

이제는 1인 세대가 70대 이상이 가장 많다고 한다. 혼자 산다고 해서 반드시 외로운 것은 아니지만, 명절은 다르다. 세상이 떠들썩할수록 고립감은 오히려 깊어지는 법. 명절 연휴는 그 외로움이 유독 시리게 파고드는 시기다.

몇 해 전, 중년 여성이 다급한 얼굴로 데스크를 찾은 일이 있었다.

"혹시, 이분 요즘 도서관에 안 오셨나요?"

그녀가 내민 사진 속 얼굴을, 눈썰미 좋은 동료 몇몇이 금세 알아봤다. 나는 설명을 듣고서야 겨우 기억해냈다. 몸이 조금 불편하셨고, 잡지를 읽기도 했지만 대부분의 시간을 운동삼아 도서관을 서성이다 가셨던 분.

"아버지가 갑자기 사라지셨어요. 도서관에 자주 오셔서 혹시나 하고 와봤습니다. 만약 보시면 꼭 좀 연락 주세요."

연락처를 남기고 간 사람은 실종된 어르신의 딸이었다. 대출 기록을 찾아봤지만, 최근 기록은 없었다. 며칠 후, 우리는 지역 커뮤니티 카페를 통해 어르신의 부고를 접했다. 너무도 안타까운 일이었다. 도서관을 하염없이 서성이던 그의 마지막 모습이 오랫동안 눈에 밟혔다. 아마도 도서관은, 그가 세상 속에서 머물 수 있었던 가장 안전한 공간이었을지도 모른다.

그들에게 도서관은 단순히 책을 읽는 곳이 아니었다. 세상과 연결된 쉼터였다. 명절 휴관을 아쉬워하던 어르신도 막상 도서관에 오시면 책을 읽지 않는 날이 더 많았다. 자리에 앉아 이어폰을 꽂고 작은 화면에 몰두하시다, 이내 평화로운 낮잠에 빠져드시곤 했다. 갓 돌이 지난 아기처럼 순한 잠이었다.

사람들은 도서관의 고요함을 좋아한다. 그것은 교회나 성당의 엄숙함과는 결이 다른, 좀더 다정한 고요다.

말 많은 사람도, 활기 넘치는 사람도 이곳에서는 침묵해야 한다. 누구에게나 공평하고 평등한 고요. 그 고요 속에는 사람의 체온과 책의 숨결이 깃들어 있다. 그래서 고요하지만, 결코 외롭지 않다.

사회학자 에릭 클라이넨버그는 저서 『도시는 어떻게 삶을 바꾸는가』에서, 지금 우리는 역사상 가장 많은 사람이 혼자 사는 시대를 살고 있다고 말한다. 그는 고령자나 약자가 집안에만 고립되지 않도록, 도서관 같은 공공장소가 사회적 연대의 중심이 되어야 한다고 강조한다.

도서관에서 일하는 나 역시 그 사실을 매일 실감한다. 도서관은 누군가에게 단순한 쉼터를 넘어, 사회와 연결되는 마지막 끈일지도 모른다. 그렇다면 명절에도 문을 열어달라던 어르신의 한숨은 고립의 세상으로부터 자신을 지켜달라는 간절한 외침이었을 것이다. 명절에도 도서관 문을 여는 것은, 어쩌면 '옳은 일'의 차원을 넘어 우리가 함께 감당해야 최소한의 할 '책무'일지도 모르겠다.

3부

서가의 안쪽

대부업은 아니지만, 대출하는 사람입니다

 나는 대출하는 사람이다. 대부업체 직원이라는 오해는 마시라. 책을 대출하고 반납받는 도서관에서 일하고 있다. 도서관에서 일한다고 하면, 사람들은 대뜸 사서 공무원이냐고 묻는다. 그것 또한 오해다. 그럴 때마다 나는 조금 구구절절한 사람이 된다.
 "공무원이 아니고, 공무직입니다."
 공무직은 공무원이 아니다. 근로기준법의 적용을 받는, 공공기관 소속 근로자다. 정년을 보장받는 정규직. 이곳으로 자리를 옮겨 '대출하는 사람'이 된 지는 이제 여섯 해가 되어간다. 내 미천한 이력을 소개하려는 것이 아니니, 또다른 오해는 마시라. 지금부터는 전혀 다른 이야기를 시작해보려 한다.

나는 대출해주는 사람이다. 도서관이니 주로 책을 대출한다. 우리 도서관은 1인당 20권까지, 2주간 빌릴 수 있다. 가끔 이용자들은 조심스럽게 묻는다.

"책을 늦게 반납했는데, 연체료가 있나요?"

연체료는 없다. 다만 연체한 날짜만큼 대출이 정지될 뿐이다. 연체료가 없다는 말에 이용자의 얼굴에 안도의 화색이 돈다. 겪어본 사람은 안다. 호환마마보다 무서운 게 연체 이자라는 것을. 그렇다고 상습적인 장기 연체는 곤란하다. 독촉 우편물이 발송되거나, 경우에 따라 담당 공무원이 직접 댁으로 찾아갈 수도 있다. 시민의 세금으로 구매한 책은 도서관의 귀한 자산이므로, 엄격히 관리되는 것이 마땅하다. 이런 질문도 많다.

"예약한 책이 도착했다는데, 도저히 못 갈 것 같아요. 어떻게 하죠?"

예약 도서를 찾아가지 못하는 이유는 다양하다. 출

장, 여행, 혹은 감기, 몸살, 골절 같은 컨디션 난조. 며칠만 기다려달라고 사정하는 분들도 있지만, 나는 규정대로 답한다. 예약 만기일까지 오지 않으시면 자동 취소된다고. 규정을 말할 때 나의 목소리는 AI 상담사를 닮아간다. 다정하지만 단호한 톤으로 변환된다. 하지만 약속을 지키지 못했대서 신용 등급이 강등되는 냉정한 불이익은 없다. 거듭 말하지만, 이곳은 은행이나 대부업체가 아니다.

가끔은 대부업체라는 억울한 누명을 쓰기도 한다. "○○○님 예약 도서가 도착했습니다. 대출 기한은 ○월 ○○일까지입니다" 하고 문자를 보내면, '대출'이라는 단어 때문에 스팸으로 걸러질 때가 있다. 그럴 때면 이용자는 문자가 오지 않았다고 항의하고, 우리는 보냈다고 항변하는 작은 소동이 벌어진다.

나는 대출하는 사람이다. 조금 거창하게 말하자면, 책이 아닌 한 사람의 '인생 서사'를 대출하는 사람이다. '인생 서사 대출이라니?' 비유가 과장되었다고 생각해도 좋다. 나만의 근거 없는 자신감이라 해도 좋다.

이 일을 처음 시작했을 때였다.

"대출되었습니다."

 책 다섯 권을 빌려가는 이용자에게 마지막 인사를 건네는 순간, '큭!' 하고 목젖이 기도를 막는 웃음이 터져나왔다. 다행히 마스크로 중무장하고 투명 가림막까지 있던 시절이라, 나의 실수는 완벽히 은폐되었다. '대출'이라는 단어의 어감에서 법정 최고 이자율을 받는 대부업체 직원의 모습이 떠올랐기 때문이다.

 무심코 컴퓨터 화면에 뜬 이용자의 대출 목록을 보았다. 다섯 권 모두 암 환자의 영양식에 관한 책이었다. 기도를 막던 웃음기가 가라앉고, 대신 깊은 숨이 터져나왔다. 어쩌면 그는 본인이 암 환자이거나, 적어도 가족 중 누군가가 암과 싸우고 있을 터였다. 그제야 보였다. 책등에 나란히 적힌 제목들이 아니라, 그 너머의 간절한 사연이. 한 사람의 오늘이, 어쩌면 내일이, 고스란히 담긴 책 다섯 권의 무게가 느껴졌다.

 그때부터였을까. 데스크에 앉아 책의 흐름을 보고 있노라면, 그들의 삶과 고민, 관심사가 보이기 시작했다. 한 가지 주제를 깊게 파고드는 사람, 다양한 주제로 뻗어나가는 사람. 마치 경도와 위도로 연결된 세계지도처럼, 무수한 '사유의 지형도'가 내 앞 대출대에 펼쳐지는 듯했다.

그것들을 외면한 채 AI 같은 안내만 반복하는 것은 내 삶의 가치관과 맞지 않았다. 나는 단순한 것을 싫어한다. 아니, 단순해지는 것을 경계한다. 복잡한 문제를 즐길 만큼 두뇌 회전이 빠르진 않지만, 삶의 복잡성을 끌어안을 줄 아는 나이가 되었다. 내 삶의 우여곡절이 시의 운율처럼, 노래의 리듬처럼 단조롭지 않아 좋다고 여기게 되었다. 하물며 나는 피부마저 복합성이 아니던가.

뒤늦게 찾은 이 일을 오래 사랑하기 위해, 나만의 정체성이 필요했다. 그렇게 나는 '한 사람의 인생 서사를 대출하는 사람'이 되기로 했다.

당뇨병 관련 책을 한 아름 빌려가는 여자분이 있었다. 부모님, 남편, 자녀, 혹은 자기 자신의 건강을 위해 저토록 애쓰는 것이리라. 책을 통해 적극적으로 공부하는 모습을 보면, 분명 좋은 결과가 있을 거라 믿는다.

사주 명리학 책을 일곱 권이나 빌려가는 남자가 있

었다. 외모로 보아 뒤늦게 명리학에 입문한 듯했다. 오래된 책 세 권을 지하 보존서고까지 가서 찾아다드렸다. 언젠가 그가 명리학에 통달할 즈음이 되면, 그가 처음으로 사주를 봐주는 사람이 내가 되면 어떨까 하고 생각했다.

도서관에 학생들이 북새통을 이룰 때는 수행평가 기간이다. 평소 책을 읽지 않던 학생들도 이때만큼은 독서가가 된다. 특히 요즘은 학생부종합전형의 영향으로 진로와 연계된 독서를 많이 한다. 아주 드물게 도움을 요청하는 학생에게, 인터넷 추천 도서 목록을 참고하라고 말하면 간단하다. 하지만 나는 얼마 전 들어온 『생기부 필독서 100』을 떠올리고, 그 책을 추천해준다. 그 순간, 나는 저 아이의 인생에 0.5점이라도 도움이 되는 사람이 되었을까, 뿌듯한 마음이 밀려온다.

나는 책을, 아니 인생 서사를 대출해주는 사람이다. 텃밭으로 삶의 즐거움을 일구는 이에게는 텃밭 책을, 뜨개질과 옷 만들기에 재미를 붙인 분에게는 재봉 책을, 화학자가 꿈인 학생에게는 화학 책을, 글쓰기가 취미인 사람에게는 글쓰기 책을, 면접을 앞둔 취준생에게는 면접 책을 대출한다.

"대출되셨습니다. 대출 기간은 2주입니다."

나의 마지막 인사는 언제나 같다. 다만 AI 상담사와 다른 점이 있다면, 책과 함께 내 마음 한 조각을 함께 대출해드린다는 것이다. 당신이 빌려가는 책들이 부디 그대의 인생을 앞으로 나아가게 하는 데 도움이 되기를. 잠시 후진해야 하는 순간이라면, 너무 많이 뒤처지지 않도록 작은 위로가 되기를.

'삐삐삐.'

가끔 이렇게 보안 검색대에서 경보음이 울린다. 당황하지 마시라. 책 한 권이 미처 대출 처리되지 않은 모양이다. 아무도 당신을 책 도둑으로 의심하지 않는다. 긴장하지 말라. 그저, 당신의 인생 서사를 잠시 나에게 다시 펼쳐놓으면 그뿐이다.

도서관에서 딸의 마음을 보관하고 있습니다

 도서관 신착 도서 중에 『작은 도시 봉급생활자』라는 책이 들어왔다. 제목을 보는 순간 '이건 내 얘기잖아?' 싶었다. '도시'를 빼고 읽으니 그야말로 '작은 봉급생활자'인 나였다. 비록 봉급은 작지만, 나는 이따금씩 '감동 수당'이라는 것을 챙긴다. 지금부터 하려는 이야기 같은.

 3월 말, 나는 엽서 한 장을 주웠다. 수십 권 반납된 책더미에서 떨어진 것이라 주인을 특정할 수가 없었다. 사실 책 사이에 끼워진 책갈피가 함께 반납되는 경우는 비일비재하다. 며칠 전에도 책갈피로 쓰인 듯한

'어르신 지하철 교통카드'를 발견하고, 마지막 반납자에게 연락해 찾아드린 일이 있었다.

하지만 이렇게 주인을 알 수 없는 책갈피까지 일일이 찾아주기는 어렵다. 담당자의 재량에 따라 폐기되거나 분실물 보관함으로 향할 뿐이다. 너무 사소한 일이기에 별도의 규정도 없다. 나는 벚꽃이 흐드러진 엽서 한 장을 앞에 두고 잠시 검열자가 되어야 했다. 이성의 뇌는 '규정 없음, 폐기 가능'이라 속삭였고, 감성의 뇌는 '일단 정지' 신호를 보냈다.

오 초간 엽서 뒷면을 스캔했다. 딸이 엄마의 생일에 쓴 엽서였다. 메시지가 담긴 건 일단 함부로 폐기할 수 없다. 그런데 내용을 읽어내려가다 나는 소스라치게 놀랐다. 둘째 딸이 내게 쓴 엽서가 아닐까 싶을 만큼, 내용의 흐름과 어휘가 딸의 편지와 너무나도 닮아 있었다. 유사성 검사 프로그램을 돌린다면 표절로 의심될 정도였다.

지난달 내 생일 저녁, 딸에게서 편지 한 장을 받았다. 초등학교 졸업 이후 처음이었다. 툭하면 메모지에 '엄마 사랑해'를 써서 건네던 아이는, 사춘기에 접어들며 편지는커녕 다정한 눈길 한번 주지 않았다. 그저 제 방에서 자체 발광 쇼만 안 벌여도 다행인 나날이었다.

둘째 딸은 중학교 3년 내내 '반항'과 '딴죽'이라는 기본 옵션을 장착하고, 아주 지독한 사춘기를 겪었다. 내게는 30년 같은 3년이었다. 딸은 내 생일에도 곁을 주지 않았다. 생일 축하 노래를 부르는 둥 마는 둥 하더니, 초콜릿 케이크가 아니라는 딴죽을 걸고는 제 몫만 챙겨 방으로 들어가버렸다. 그랬던 딸이 웬일로 편지를 건넨 것이다. 봉투에는 무려 현금 5만 원도 들어 있었다.

> 엄마 말이 맞는 줄 알면서도 괜히 듣기 싫었던 그때 내 마음을, 나도 잘 모르겠어. 엄마 마음 아프게 해서 정말 미안해요.

그 몇 줄 속에서 나는 딸의 사춘기 전체를 읽었다. 알면서도 밀어내고, 이해하면서도 화를 냈던 시간. 그 시간이 우리 모녀 사이에 있었다. 사춘기라는 걸 알면서도, 나 역시 딸을 너그러이 받아주지 못했다. 불같은 아이의 감정에 기름을 부었으니, 현명한 엄마는 아니었던 셈이다.

편지 덕분인지 5만 원 덕분인지, 우리 모녀 사이에는 급진적인 화해 무드가 조성되었다. '갱년기 감성 과다 보유자'인 나는 눈물을 찔끔 흘렸고, 딸은 유난히 청아한 목소리로 생일 축하 노래를 불러주었다. 물론 애틋함은 오래가지 않았다. 정확히 아홉 시간. 그중 일곱 시간은 잠든 시간이었으니, 실질적인 평화는 고작 두 시간뿐이었다. 다음날 아침, 방안에 뒤엉킨 옷가지와 너저분한 이부자리를 보며 우리는 다시 맹렬하게 부딪쳤다.

하지만 입에서 험한 말이 터져나오려는 순간, 딸의 편지가 최악의 상황을 막아주었다. 엄마를 사랑하고 있음을 증명하려, 글자 하나하나에 진심을 눌러 담던 딸의 모습이 떠올랐다. 사춘기 시절에도 엄마에게 미안했고, 엄마가 아파할 때마다 제 마음도 아팠다고 했다. 딸이 내 마음을 온전히 외면하지는 않았다는 사실 하나만으로, 그날 나의 눈물은 가장 깊은 내면에서 길어올린 심층수가 되었다.

진심이 담긴 글은, 이처럼 모녀의 사랑을 증명하기에 충분했다. 그런 의미에서 오늘 내가 주운 것은 그냥 책갈피가 아니었다. 엽서를 쓴 딸의 마음과 그것을 읽을 엄마의 마음 사이에 꽂아둔 '마음 갈피'였다. 그동안 나는 내 말을 듣지 않는 딸이 미워, 그 아이의 진심을 잊고 살았다. 오래 읽지 않은 책처럼 그냥 덮어두었다. 하지만 딸의 편지 덕분에, 나는 딸의 마음이 어느 페이지에 머물러 있었는지 그 위치를 알게 되었다.

이 엽서 또한 그 주인에게는 딸의 마음이 어느 페이지에 머무는지 알려주는 소중한 '마음 갈피'일 터였다. 한번 잃어버리면 다시는 찾지 못할지도 모를 그 페이지를, 내가 찾아주고 싶었다. 오래오래 간직하게 해주고 싶었다.

김초엽의 소설 「관내분실」이 떠올랐다. 도서관에 남겨진 고인의 '마인드'를 열람하며, 딸이 죽은 엄마와 비로소 화해하는 이야기다. 이 주인을 알 수 없는 엽서 또한 딸의 '마인드'다. 엽서를 잃어버린 엄마가 딸의 마음을 하루빨리 찾아갔으면 좋겠다. 소중히 간직했다가, 딸이 미워질 때마다 바타민처럼 꺼내 읽기를 바랄

뿐이다.

동료들과 상의 끝에, 나는 대출·반납 데스크 앞에 과감하게 공고를 붙였다. 이성의 뇌가 아닌 감성의 뇌가 내린 결정이었다. 사적인 감정이 섞였다고 해도, 도서관 이용자를 위한 일이라면 이 정도의 사사로움은 허용되어야 하지 않을까.

"잃어버린 엽서(마음 갈피) 주인을 찾습니다. 엽서의 주인은 데스크에 별도 문의 바랍니다."

A4 용지에 문구를 적고, 엽서의 앞면을 함께 붙였다. 알림판의 '로열석'이라 할 수 있는 데스크 오른쪽 위 모서리에. 기한은 딱 3주. 대출 연장 기간까지 고려한, 우리가 할 수 있는 최선의 배려다. 엄마가 엽서의 부재를 알아차리기에도 충분한 시간일 것이다. 물론, 주인이 나타난다고 해서 곧바로 내어줄 순 없다. 나는 작은 퀴즈를 낼 생각이다. 딸이 엽서에 적은 '엄마의 생일 선물'은? 그 따뜻한 정답을 맞힌 분에게, 잃어버렸던 딸의 마음을 온전히 돌려드릴 예정이다.

올바른 성별을 입력하세요

 도서관 데스크에는 각기 다른 업무가 배치되는데, 가장 기피하는 자리 중 하나가 바로 전화기 앞이다. 전화 민원에는 종종 예측 불가능한 고충이 뒤따르기 때문이다.

 "지금 전화를 받는 상담원은 누군가의 소중한 가족입니다. 서로를 존중하는 언어로 대해주시기를 바랍니다."

 전화를 거는 이에겐 지루한 안내 멘트겠지만, 감정의 최전선에 서야 하는 상담원에게는 최소한의 방호복과 같다. 휴관일, 반납 연기 등 대부분 정해진 답변을 요구하는 문의를 응대하지만, 가끔 무턱대고 화를 내거나 우리의 능력 밖을 요구하는 분들도 있다. 그럴 때면 우리가 입은 방호복은 속절없이 찢겨나간다. 물론 대부분의 도서관 이용자는 신사적이다. 왜냐고? 우리는 책을 사랑하는 사람들이니까.

다음은 내가 친애하는 동료 P에게 제보받은 이야기다. 그에게도 제법 오래전에 있었던 일이라고 했다.

어느 날 온라인 회원가입이 안 된다며 잔뜩 화가 난 이용자가 전화를 걸어왔다. 씩씩거리는 숨소리가 수화기 너머까지 들려올 정도였다. '성별'을 입력하면 다음 단계로 넘어가지 않고 이상한 메시지만 뜬다는 것이었다. 짜증이 잔뜩 섞인 목소리라, 민원의 요지를 정확히 파악하기조차 어려웠다.

순간, '성별'이라는 말에 P는 '혹시 성전환자이신가?' 하는 엉뚱한 상상까지 했다고 한다. 지금껏 성별 문제로 민원이 들어온 적은 단 한 번도 없었다. P는 이 상태로는 어떤 문제도 해결할 수 없다고 판단했다. 유선상으로는 확인이 어려우니, 도서관에 방문하실 때 도움을 드리겠다고 정중히 안내했다.

몇 시간 후, 정말 그분이 오셨다. 표정은 여전히 붉으락푸르락했지만, 전화에서처럼 막무가내로 화를 내지는 않았다. P는 옆으로 다가가 회원가입 과정을 지켜보았다. 본인 인증부터 시작되었다. 이용자가 선택한 것은 문자(SMS) 인증. 이름과 주민등록번호 앞자리를 입력하는 것을 지켜보다, 뒷자리를 입력하는 순간에는 잠시 고개를 돌려주는 배려도 잊지 않았다. 잠시 후, "이것 봐요" 하는 소리에 다시 스마트폰을 보았다. 정말 '올바른 성별을 입력하세요'라는 메시지가 떠 있었다.

P는 다시 한번 해보자고 했다. 이번에는 인증 과정 전체를 지켜보기로 했다. 마지막, 주민등록번호 뒷자리를 입력하는 순간. 앞자리 6자는 무사히 통과했다. 남은 건 뒷자리의 첫번째 숫자. 성별 오류 메시지는 여기서 비롯된 것이 분명했다. 진짜 제3의 성이라도 되는 걸까? 모든 의문이 키패드 위 손가락 하나에 집중되는 순간이었다. 그런데 P의 눈에 들어온 것은 주민등록번호 뒷자리 첫 칸에 찍힌 숫자 '1'이 아닌 '남'이라는 한 글자였다.

'남'이라고 입력했다고? 순간, P는 터져나오는 웃음을 간신히 참았다고 했다. 하지만 대놓고 웃을 수도 없는 노릇. 이용자의 실수를 질책해서도 안 되지만, 마냥 너그럽게 감싸기만 할 수도 없다. 그야말로 유교에서 말하는 '중용'의 미덕이 필요한 순간이었다. 무턱대고 화를 냈던 민원인에게 스스로 돌아볼 기회를 주면서도, 우리의 관대함을 보여야 하는 고난도의 감정 노동. P는 그 모든 것을 담아 차분히 안내했다.

"선생님, 여기에는 성별 '남'이 아니라 숫자 '1'을 적으셔야 해요."

"아!"

자신의 착각이 너무도 민망했던지, 이용자는 생각보다 더 큰 웃음을 터뜨리셨다. 덕분에 P도 함께 웃을 수 있었다. 두 사람은 화기애애한 분위기 속에서 회원가입을 무사히 마쳤고, 이용자는 새 회원증을 손에 들고 돌아가셨다.

P의 제보는 여기까지다. 나의 동료 P는 참 너그러운 사람이었다. 전화로 쏟아진 짜증 폭격에 마음이 쑥대밭이 되었을 텐데도, 침착하게 방문을 유도하고 성심

성의껏 안내했다. 화의 원인이 전적으로 이용자에게 있었음에도, 그 실수마저 너그러이 품었다. 그녀는 이 사건을 제보하며, 마치 신문 기사에나 나올 법한 응대 지침을 내게 전했다.

"처음에는 무턱대고 화를 내셔서 당황했지만, 사람은 누구나 자기 실수를 모를 땐 남부터 탓하게 되잖아요. 그럴 수 있다고 생각해요."

P를 못 믿는 건 아니지만, 제보에는 입증이 필요하다. 나는 잠자리에 들기 전, P의 증언을 토대로 직접 회원가입을 시도해보았다. 본인 인증 단계. 나 역시 주민등록번호 뒷자리 첫 칸에 '여'라고 입력했다. 정말 '올바른 성별을 입력하세요'라는 메시지가 떴다. 순간, '성별을 입력하라면서 '여'를 입력했는데, 뭐가 문제지?' 하는 생각이 들었다. 충분히 헷갈릴 만했다. 어쩌면 착각한 건 그 이용자가 아니라, 이 애매한 메시지를 설계한 기획자일지도 모른다.

호기심이 발동했다. 나는 그 자리에 아직 오지 않은 세기들의 성별, 숫자 6, 8, 9를 차례로 입력했다. 그러자 '핸드폰으로 인증 문자가 발송되었다'는 뜻밖의 메시지가 떴다. 문자를 기다리는 삼 분 동안, 혹시 이 지구상에 내가 모르는 성별이 무수히 존재하는 건 아닌지 가슴이 두근거렸다. 물론 문자는 오지 않았다. 애당초 엉뚱한 숫자를 입력하면 '올바른 성별'을 요구하는 메시지가 뜨도록 설계된 듯했다.

인증업체가 내게 요구한 성별은 숫자 '2'였다. 과연 '2'라는 숫자가 나의 성별이 될 수 있을까. 세상에는 생물학적 성별을 넘어, 자신이 선택한 정체성 때문에 소외되고 차별받는 사람들이 무수히 많다. 그 깊고 복잡한 영혼의 지도를, 우리는 과연 '1'과 '2', '3'과 '4'라는 단순한 기호 안에 가둘 수 있는 걸까? 그것이 사회적 약속임을 알면서도, 숫자로 규정된 성별을 강요받을 때 그들의 마음이 얼마나 씁쓸할지 헤아려보았다.

흔히 나이는 숫자에 불과하다고 한다. 성을 표기하는 방식 또한 숫자에 불과하다면, 시스템이 우리에게 전달해야 할 메시지는 '올바른 성별을 입력하세요'가 아니라, '올바른 숫자를 입력하세요' 혹은 '주민등록번호 뒷자리 첫번째 숫자를 입력하세요'가 맞을 것이다. 나는 화가 난 목소리로 전화를 걸었던 P의 민원인을 온전히 이해하기로 했다.

  밤이 깊었다. 이 불친절한 메시지에 대해 내일 당장 '본인 인증 업체'에 민원을 넣어야 하나, 말아야 하나. 민원이 민원을 부르는 밤. 말똥말똥한 생각에 잠이 오지 않는, 단단한 생밤 같은 이 밤이 나는 왠지 싫지 않았다. 작은 균열을 통해 더 큰 세상을 고민하게 만드는, 이런 밤을 나는 어쩌면 사랑하는지도 모르겠다.

우리는 대출 상담가

중년의 여성분이 문헌정보실로 들어왔다. 서가는 둘러보지도 않고, 마치 오래전부터 목적지를 정해둔 사람처럼 데스크로 직행했다.

"인생이 우울할 때 읽을 만한 책, 있을까요?"

"네?"

"제가 지금 좀 우울해서요. 이럴 때 도움이 되는 책이요."

첫 대면부터 자신의 우울을 민낯처럼 들이민 사람은 그녀가 처음이었다. 생기를 잃은 동공, 부스스한 머릿결, 깊은 암실에 갇힌 듯한 낯빛. 그녀의 존재만으로도 주변 공기가 무거워지는 듯했다. 움직일 때마다 왼쪽 팔과 다리에 미세한 경직이 스치는 것도 같았다. 그렇게 그녀와의 대출 상담이 시작되었다.

우선 어떤 종류의 책을 좋아하느냐고 묻자, 태어나서 책을 좋아해본 적이 없다고 했다. 도서관은 어쩌다 오게 되었냐고 묻자, 행정복지센터에 볼일이 있어 왔다가 무작정 들어왔다고 했다. 책을 좋아하지 않는 우울한 사람에게, 나는 과연 어떤 책을 권해야 할까. 마음이 돌덩이처럼 무거워졌다. 마치 급전이 필요한 이에게 신용 등급도, 이율도, 보증인 조건도 까다로운 대출 상품을 권유해야만 하는 은행 창구 직원이 된 기분이었다.

그나마 다행인 것은 그녀가 나와 비슷한 또래처럼 보였다는 점이다. 어쩌면 내 과거의 경험이 작은 도움이 될지도 모르겠다고 생각했다.

몇 해 전, 나 역시 얕고 오랜 우울을 앓은 적이 있었다. 무사안일, 적게 먹고 적게 쓰는 삶. 그렇게 세상과의 연결고리를 하나씩 지워가다보니, 내 존재가 점점 작아지는 기분이었다. 그때는 슬픈 책은 내 감정을 더 깊은 슬픔으로 끌어내렸고, 어려운 책은 도무지 눈에 들어오지 않았다.

그 시절, 내가 가장 재미있게 읽은 책은 일본 작가 사쿠라 모모코의 에세이들이었다. 『복숭아 통조림』 『원숭이의 의자』 『도미 한 마리』. 유쾌하고 발랄한 상상력은 무거운 현실을 잠시 잊게 해줬다. 어쩌면 이 책들이 그녀에게도 작은 숨구멍이 되어줄지 모른다. 나는 책의 위치표를 출력해주며, 찾는 방법을 자세히 설명했다. 시간이 제법 걸렸지만, 그녀는 스스로 책을 찾아왔다.

훈훈한 마무리가 될 줄 알았다. 그러나 책을 품에 안은 그녀의 가방엔 대출증은커녕, 가입에 필요한 신분증조차 없었다. 실제 대출은 성사되지 못했다. 그녀는 신분증을 가지고 다시 오겠다고 했지만, 그후로 나는 그녀를 다시 마주치지 못했다. 나는 가끔 생각한다. 그녀가 부디, 책이 아니더라도 세상 어딘가에서 자신의 우울을 잠재워줄 작은 위로 하나쯤은 만났기를.

이번엔 대출 성공 사례다. 도서관에 처음 온 중년 남성. 이번에는 회원증 만들기부터 차근차근 도와드렸다. 회원증은 만들었으나 어떤 책을 골라야 할지 막막한 모양이다.

"젊었을 땐 책을 참 좋아했는데, 요즘은 뭘 읽어야 할지 영 모르겠네요."

그의 솔직하고 순박한 말투에, 좋은 책을 꼭 찾아주고 싶은 마음이 솟았다.

"혹시 시, 소설, 수필 중에 어떤 장르를 좋아하세요?"

"소설이요."

그다음은 취향 저격을 위한 탐색의 시간. 스릴러? 역사물? 국내 작가? 해외 작가? 내 머릿속의 미천한 검색 엔진이 핑핑 소리를 내며 돌아갔다. 부족한 부분은 인터넷의 힘을 빌려 보완했다. 마침내 그의 손에 두 권의 책이 들렸고, 대출은 순조롭게 마무리되었다. 바로 그때, 그가 주머니에서 커피맛 사탕 하나를 꺼내 내밀었다.

"드릴 게 이것밖에 없어서요."

내가 건넨 책이 꽤 마음에 들었던 걸까. 내게는 그 어떤 찬사보다 달콤한 답례였다.

얼마 전엔 대출을 거절한 적도 있다. 가뜩이나 대출 실적이 줄어드는 요즘, 배부른 소리처럼 들릴지 모르겠지만 여기엔 특별한 사연이 있었다.

운동복 차림의 한 어르신이 다급히 다가와 요리책을 찾으셨다. 아내가 뇌출혈로 쓰러졌다가 회복중이라, 집에서 직접 반찬을 해주고 싶다고 하셨다. 나는 잠시 망설였다. 그의 소박하고 절실한 마음과, 그 마음이 서툰 행동으로 이어졌을 때 발생할 수 있는 현실적인 문제 사이에서. 계량화된 레시피는 초심자에게 버겁고, 요리하면서 젖은 손으로 책장을 넘기다보면 책은 금세 엉망이 될 터였다. 아내를 위하려다 되려 변상의 책임까지 지게 된다면, 그건 너무 가혹한 일이었다.

그래서 나는 요리책 대신, 따라 하기 쉬운 동영상 요리 채널 몇 개를 휴대폰에 적어드렸다. 어르신은 고개를 끄덕이며 빈손으로 도서관 문을 나서셨다. 처음 들어오실 때보다 걸음이 한결 가벼워 보였다.

이런 특별한 경우가 아니더라도, 우리의 대출 상담 건수는 매우 저조하다. 대부분의 이용자는 우리보다 책에 대한 정보를 더 많이 알고 찾아온다. 인터넷 검색만으로도 추천 도서는 넘쳐나고, 북 큐레이터, 책 유튜버, 서점 엠디(MD) 같은 유능한 '대출 상담가'들이 세상에 즐비하기 때문이다.

하지만 책에 대한 정보를 미리 알고 올수록 도서관에 머무는 시간이 짧아진다는 점은 조금 아쉽다. 나는 사람들이 도서관에 오래 머물면서, 그저 서가에 꽂힌 책을 만지고, 넘겨보고, 느끼는 시간이 길었으면 좋겠다. 책의 숲을 거닐며, 사랑하는 사람의 등을 바라보듯 책의 등을 오래오래 바라보았으면 좋겠다.

그러다 어느 문장이 문득 마음을 건드리고, 어느 한 페이지가 예고 없이 설레게 하는 순간. 그 찰나의 감정에 반응한 책 한 권이 운명처럼 가슴에 콕 박히게 된다. 그 순간, '대출'이라는 목적지는 바로 눈앞에 있다.

서가를 오래 헤매어도 읽고 싶은 책을 찾지 못했다면, 언제든 도서관 데스크로 오시라. 우울한 이에게는 위로를, 취미를 찾는 이에게는 즐거움을, 인문학적 깊이를 원하는 이에게는 지식의 밑거름을, 우리는 기꺼이 함께 찾아드릴 것이다.

언제나 완벽한 추천일 수는 없다. 마음에 들지 않는

책이라면, 조용히 북카트 위에 내려놓으면 그만이다. 반납뿐 아니라 '반품'도 언제든 환영한다. 우리는 당신의 취향을 존중하고, 그 여정을 응원하는 도서관의 대출 상담가니까.

보존서고의 역주행을 꿈꾸며

어릴 적, 애국가 4절을 받아쓰기하는 시험이 있었다. 나는 늘 '보존'과 '보전'이 헷갈렸다. '길이 보전하세'였나, '길이 보존하세'였나. '공활'과 '공할'처럼, 가끔 맞고 자주 틀렸다.

도서관에는 '보존서고'라는 공간이 있다. '보존(保存)'이라 쓰지만, 나는 자꾸만 '보전(保全)'이라 말하게 된다. 국어사전에 따르면 '보존'은 그대로 간직하여 남김, 즉 시간의 흐름 속에서도 원형을 유지하며 간직하는 행위이고, '보전'은 훼손되지 않도록 지켜 온전하게 유지함을 뜻한다. 그 미묘한 차이는 내게 달걀의 왕란과 특란의 차이만큼이나 사소하게 느껴진다.

담당자로부터 보존서고로 내려야 할 책 목록을 건네받았다. 일반자료실에 책이 많아져 200권 정도는 지하 보존서고로 보내야 한다는 것이었다. 그럴 때면 괜스레 마음이 쓸쓸하다. 통보서가 마치 이제 방을 빼달라는 악덕 채권자의 내용증명처럼 느껴지기 때문이다.

한 권의 책은 누군가의 생각에서 태어나 문장이 되고, 책으로 완성되기까지 수많은 관문을 거친다. 출판사의 선택, 편집자의 노고, 담당 사서의 수서(도서관에 들어올 자료를 선정하고 구입하는 일)까지 통과해야만 비로소 도서관 서가 한편에 오를 수 있다. 그렇게 어렵게 자기 자리를 얻은 책이, 대출 실적이 부족하다는 이유만으로 '보존서고행'을 선고받는 건 너무 가혹한 일이다.

나는 종종 책의 감정을 상상한다. 보존서고로 내려가는 책들의 혼잣말이 들리는 듯하다.

"헐, 나보고 방을 빼라고?" "휴, 가라면 가야지. 별 수 있나." "쩝, 근데 깜깜한 지하는 너무한 거 아냐?"

서가에서 내려온 책들은 여전히 젊었고, 유려했으

며, 유익했다. 사람으로 치자면, 좌천되기엔 너무 아까운 인재들이다. 하지만 지하로 내려가면 대출될 가능성은 더 희박해진다. 그러다 보존 가치마저 의심받게 되면, 결국 폐기라는 마지막 선고를 받게 될 것이다. 폐기의 기준이 단순히 대출 실적이 아니길 바란다. 정말 '보존'해야 할 책들을 매서운 눈으로 가려내어, 애국가 가사처럼 길이 '보전'하는 것. 그것이 보존서고의 진짜 역할이었으면 좋겠다.

도서관에 처음 입사해 보존서고의 문을 열었던 날이 떠오른다. 그곳은 고대 유물이 숨겨진 은밀한 지하 벙커 같았다. 직원만 출입할 수 있다는 사실이 묘한 특권의식마저 느끼게 했다. 너무 쉬운 비밀번호였지만, 누가 볼까 조심스럽게 눌렀던 기억. 문을 열자 오래된 책의 향기가 폐가식 서가를 뚫고 쏟아져나왔다. 보존서고는 책을 온전히 지키기 위해 공기, 온도, 습도를 이십사 시간 조절한다. 그래서 여름엔 시원하고, 겨울엔 따뜻하다.

이용자가 보존서고의 책을 찾는 날은 그래서 기쁘

다. 돌돌돌 손잡이를 돌려 빽빽한 서가에 길을 내면, 간신히 한 사람이 들어갈 만한 좁은 공간 속에 뜻밖의 보물들이 잠들어 있다. 이상문학상 수상작품집 초판본. 지금은 품기 버거운 옛 시인의 시집. 한 시절 서점가를 뒤흔들었던 베스트셀러들. 내 책장에서는 이미 버려졌지만, 차마 잊지 못하는 책들이 그곳에 조용히 누워 있다.

'어서 깨어나시오. 누군가 당신을 애타게 찾고 있소.'

애틋한 마음으로 잠든 책을 깨운다.

문보영 시인의 에세이 『일기시대』에서 재미난 문장을 읽은 적이 있다. 그녀는 도서관에 가면 보존서고의 책을 빌리기가 미안하다고 했다. 사서들이 자리에서 일어나 밧줄을 타고 지하실로 내려가면, 영영 돌아오지 못할 것만 같아서. 그 문장을 읽고 동료들과 한참을 웃었다. 그녀가 곁에 있다면 말해주고 싶었다. 우리는 밧줄 대신 엘리베이터를 타고 가며, 잠든 책을 깨우는 이 일을 아주 보람 있게 생각한다고.

진정 허탈한 순간은 따로 있다. 간신히 찾아올린 책이 주인을 만나지 못하고 북카트에 덩그러니 남아 있을 때다. 제목만 보고 신청했는데, 원하던 내용이 아니었던 모양이다. 조금 전까지만 해도 설레는 마음으로 깨어났을 책의 등이 금세 시무룩해진 것 같다. 다시 지하의 긴 잠에 빠져들어야 한다는 사실을 예감한 듯이.

보존서고의 책들을 살펴보다보면 문득 사람의 생애를 떠올리게 된다. 누구에게나 찬란하게 빛나던 시절이 있지만, 그 시간이 지나면 다음 세대에게 자리를 내어줄 때가 오기 마련이다. 그래서일까. 책장을 넘기다보면 중년의 얼굴들이 겹쳐 보인다. 한때는 맨 앞줄에서 빛나던 이들이었지만, 지금은 조용히 밀려날 자리를 걱정하는 나의 남편, 내 친구, 내 친구의 남편들. 하지만 뒤로 물러선다고 해서 존재의 가치가 사라지는 것은 아니다. 삶의 무게를 온몸으로 감당하며 얻게 된 품격은, 오히려 그들의 자리에서 더욱 깊은 빛을 발하고 있다.

'차트 역주행'은 노래에만 있는 것이 아니다. 책의 세계에서도 기적은 일어난다. 오늘도 보존서고의 책들은 고요히 기다린다. '띠리리릭' 하고 도어락이 열리는 소리를. '타닥타닥' 발소리가 점점 가까워지는 순간을. '찰칵' 형광등 불빛이 자신을 비추는 그 찰나를. 언젠가 다시, 한 사람의 손에 들려 세상으로 나가 조용히 읽히기를. 원 없이 사랑받기를.

왜 그녀에게만 고추를 주나

이 글은 나의 친절한 동료 K에 관한 이야기다. 이번에는 제보가 아니라, 그녀라는 사람 자체에 관한 탐구다. 첫인상만 놓고 보자면 내가 더 나은 편일지도 모른다. 나는 잘 웃고 말도 많은데, 그녀는 좀처럼 웃지 않고 말수도 적다. 그러나 K의 친절은 묵직했다. 보여주기 위함이 아닌, 맏딸 같은 책임감이 실린 진짜 친절이었다.

도서관에서 가장 피하고 싶은 민원 중 하나는 프린터와 관련된 일이다. 주말의 대출, 반납, 전화 업무가 폭풍처럼 몰아칠 때 꼭 들어온다. 종이가 걸렸다거나,

사용법을 모르겠다는 요청. 그럴 때면 데스크를 잠시 비우고 디지털 자료실로 달려가야 한다. 이용자의 성향에 따라선 혼자서도 충분히 할 수 있어 보이지만, 끝까지 곁에서 도와주길 바라는 분들도 있다. 그것을 매번 구분하기란 여간 어려운 일이 아니다.

무더위가 한창이던 8월의 어느 날, 얼굴이 벌겋게 달아오른 중년 여성 한 분이 프린터 사용법을 물었다. 설명하는 데 시간이 꽤 걸릴 듯 보였다. 내 앞에는 대출을 기다리는 줄이 길었기에, K가 그 일을 맡았다. 한참 후에야 돌아온 K는 손선풍기를 얼굴에 바짝 대고 있었다. 장시간의 응대가 힘들었던 모양이다. 그녀는 더위에 유난히 약하다.

다음날, 그 여성분이 다시 도서관을 찾았다. 여전히 상기된 얼굴이었다. 이번엔 망설임 없이 K를 찾았다. 잠시 자리를 비웠던 K가 나타나자, 여성은 반색하며 검은 비닐봉지를 내밀었다.

"선생님, 어제 정말 고마웠어요. 오늘 아침에 밭에서 딴 고추인데, 한번 드셔보세요."

K는 몇 번이고 사양하다가 결국 고추를 받았다. 모

처럼 그녀가 아이처럼 활짝 웃었다. 우리에게도 한 움큼씩 나눠주며, 꽤 매울 것이라는 말을 덧붙였다. 나는 그 순간, 고추의 맵기보다 다른 것이 궁금해졌다. 그녀의 친절이 얼마나 깊었기에, 이용자가 땀 흘려 키운 고추까지 들고 찾아오게 만드는 걸까.

며칠 뒤에는 키가 큰 남성 이용자가 부라보콘을 사 가지고 왔다. K가 지하 보존서고에서 책을 찾아드린 분이었다. 역시나 그는 K를 찾았다.

"아까 정말 고마워서, 열두시까지 못 기다리고 열시에 사왔어요."

'열두시에 만나요 부라보콘'이라는 옛 시엠송을 아는 세대였기에, 그의 유머를 알아들을 수 있었다. K는 이번에도 정중히 사양했지만, 그는 어느새 데스크에 아이스크림을 놓고 사라진 뒤였다. 그녀의 친절이 도대체 어느 경지에 이르렀기에, 이 더운 날 땀을 뻘뻘 흘리며 아이스크림까지 사오게 만드는 걸까. 나는 K에게 묻지 않을 수 없었다. 돌아온 답은 다소 뜨끔했다.

"별거 아니었어요. 아침 아홉시 오픈 전부터 문밖에서 서성이고 계시더라고요. 너무 더워 보이셔서, 일단 들어오셔서 시원한 곳에 앉아 계시라고 안내해드렸어요."

사실 나도 그분을 본 것 같았다. 하지만 나는 그냥 지나쳤다. 아직 오픈 전이라는 생각에, 내가 나설 일이 아니라고 선을 그었던 것이다. K는 그런 귀찮음을 마다하지 않는다. 원하는 책이 없어 그냥 돌아가려던 이용자에게, 타 도서관 소장 여부부터 상호대차, 예약 방법까지 차근차근 설명해주는 모습을 본 적도 있다. 깻잎장아찌로 비유하자면, 나는 한 장씩 떼어주기 귀찮아서 그냥 내가 두 장 먹고 마는 사람이다. 하지만 K는 한 장 한 장 정성껏 떼어, 상대방의 따뜻한 밥숟가락 위에 가만히 올려주는 사람이다.

그녀의 친절은 화장실에서도 예외가 아니었다. 어느 날, 그녀가 화장실에 있는데 옆 칸에서 "에이, 씨……" 하는 탄식과 함께 휴지걸이가 덜그럭거리는 소리가 들렸다. 순간, 그녀는 직감했다. '아, 휴지가 없구나.' 우리 도서관은 이용자의 불편에 대비해 여분의 휴지를 항상 변기 오른쪽 뒤편에 비치해둔다.

"저기요, 오른쪽 뒤편 한번 보세요."

그녀는 조용히 속삭였다.

"어머나, 세상에! 감사합니다."

곧이어 들려온 안도의 휴지 뜯는 소리. 이 장면은 마침 다른 칸에 있던 동료 Y에 의해 우리에게 생생히 전해졌고, 우리는 그날의 일을 '화장실 미담'이라 부른다.

K가 쉬는 날, 다시 그 중년 여성분이 왔다. 이번에도 프린터 민원이었다. B4 용지 출력. 나는 이 기회를 놓칠 수 없었다. 치사한 고백이지만, 진심으로 고추가 받고 싶었다. 그 고추는 내게 단순한 채소가 아니라, '최고 등급 친절 인증 마크'처럼 보였다. 이번 기회에 나도 K급 친절 직원으로 인정받고 싶었다.

내 안의 모든 친절함을 총동원해 B4 출력에 완벽하게 대응했다. 여성은 내게 마음을 열었는지, 자신이 늦깎이 수험생이자 초보 농사꾼이라고 소개했다. K의 친절한 안내 덕분에 도서관 프린터를 겨우 배우게 되었다고 했다. 나의 귀는 그녀의 자기소개를 경청하고 있었지만, 나의 눈은 그녀의 손에 들려 있을지 모를, 고추 담긴 비닐봉지를 필사적으로 찾고 있었다.

그리고 마침내, 그녀가 무언가를 내게 내밀었다. '드

디어 나도 고추를 받는구나!' 김칫국부터 마셨다. 그녀는 갓 딴 싱싱한 고추라며 먹어보라고 했다. 그런데 한마디를 덧붙였다. 꼭 K선생님과도 함께 나눠 먹으라고. 순간, 김이 샜다. 이 고추의 진짜 주인은 내가 아니었다.

'이 고추, 저 혼자 먹으면 안 되나요?'라고 묻고 싶었지만, 고추를 찍어 먹을 쌈장처럼 그 말을 꾹 눌러 삼켰다. 다시 말하지만, 첫인상은 내가 더 좋다. 하지만 진짜 친절은 얼굴 표정에서 나오지 않는다는 것을 K에게 배운다. K의 친절은 조용했고, 진심이었다. 그 무게는 가벼운 미소보다 훨씬 묵직했다. 더 놀라운 건, 그 조용한 진심을 외면하지 않고 정확히 알아보는 이용자들이었다.

나중에 맛본 고추는 그새 독이 더 올랐는지, 미치도록 매웠다.

다정한 독촉

담당 주무관으로부터 연체자 리스트를 건네받았다. 오늘 우리의 과업은 그들에게 전화를 거는 일이다. 명목상으로는 '반납 독려'지만, 우리는 이 일을 '연체 독촉 전화'라 부른다. '독려'라는 점잖은 표현만으로는 우리의 절박함을 전달하기에 역부족이기 때문이다. 명단을 훑어보는 내 마음이 조금 착잡해진다.

김 아무개 - 14일 연체, 3권
이 아무개 - 19일 연체, 2권

박 아무개 - 28일 연체, 5권
정 아무개 - 67일 연체, 11권……

다행히 이번 명단에는 1년 이상의 장기 연체자가 많지 않다. 30일 안팎의 연체자들은 조금만 독려해도 반납으로 이어질 가능성이 크다. 그 이상의 장기 연체자들은 대체로 전화를 받지 않는다. 이미 여러 차례 안내 문자를 받았을 테고, 도서관 발신번호쯤은 진작에 수신을 차단했을 수도 있다.

솔직히 말해, 살면서 단 한 번도 연체를 안 해본 사람이 있을까. 비단 책만 그런 것이 아니다. 공과금, 구독료, 대출 이자 등 우리 삶에 청구되는 수많은 고지서 앞에서 우리는 종종 기한을 넘기며 살아간다. 그나마 도서관 책은 연체해도 페널티가 가볍기에, 조금은 느슨하게 대처하는 것일지도 모른다.

나 역시 가끔 도서관 책을 연체한다. 천천히 음미하며 읽고 싶은 책인데, 반납하면 다시 몇 달을 기다려야 할 때가 그렇다. 그럴 땐 살짝 고의적인 연체를 감행하기도 한다. 그래서일까. 이 리스트에 내 이름이 올라와 있다면 얼마나 부끄러울지 상상해본다. 전화를 돌리기 전, 그사이 반납된 책은 없는지 리스트를 일일이 재확인한다. 최종 명단이 정리되면 본격적인 독촉에 들어간다.

보통 스무 명 중 네댓 명 정도가 전화를 받는다. 받아주는 것만으로도 반갑다. 목소리에 미묘한 생기가 돈다.

"○○○ 이용자님이시죠?"

"네."

"여기는 ○○도서관입니다. 반납이 아직 안 된 도서가 있는데, 알고 계셨을까요?"

"네."

"혹시 언제쯤 반납이 가능하실까요?"

"이번 주말까지 반납하겠습니다."

"네, 꼭, 꼭 부탁드립니다."

나는 '꼭'이라는 부사를 두 번이나 썼다. 이 간절한 부사어 하나가 그들의 마음을 조금이라도 움직일 수 있다면, '꼭'은 물론이고 '부디' '제발' 같은 말들도 얼마든지 보낼 수 있다. 이 정도면 성공적인 통화다. 비고란에 '주말 반납 예정'이라고 적는다.

대부분의 연체 독촉은 짧고 간단하지만, 예상 밖의 긴 통화로 이어지기도 한다. 동료 J와 함께 근무하던 날이었다. 명단에는 청소년 연체자도 꽤 많았다. 학교 수행평가로 독서 활동이 늘어난 탓이다. 책을 빌린 뒤 과제가 끝날 때까지 반납하지 않는 경우가 흔하다. 순진한 학생들은 "조금만 더 연체하면 안 될까요?"라며 애원하듯 묻기도 한다. 우리가 대부업체 직원은 아니지 않은가. 자식 같은 아이들에게는 자비를 베푸는 것이 어른의 도리다. 그럴 땐 과제가 끝나면 반드시 반납하라고 당부하며, 대출이 정지된 상태임을 차분히 설명해준다.

간혹 학생이 전화를 받지 않으면, 부모에게 연락해야 할 때도 있다. 그날 J가 전화를 건 사람은 어떤 학생의 어머니였다.

"○○○ 이용자 어머님 되시죠? 여기는 ○○도서관입니다."

"네, 그런데요?"

"자녀분께서 대출하신 책이 연체중인데, 학생이 전

화를 받지 않아 대신 연락드렸습니다."

"저희 애가 연체를요?"

분위기가 심상치 않다 싶더니, 곧이어 어머니의 하소연이 폭포수처럼 쏟아졌다. J는 수화기를 든 채 미동도 없이 그 모든 하소연을 듣고 있었다. 그녀의 표정은 평소의 단호함 대신, 깊은 공감과 연민으로 물들어 있었다.

"제가 요즘 아들 때문에 미치겠어요. 사춘기가 왔는지 매일 게임만 하고 방에서 나오질 않아요. 얼굴만 마주치면 싸우게 되고 (중략) 정말 오죽하면 제가 토요일 아침 아홉시부터 집을 나와 카페에 있겠어요. (중략) 교회 다니는 제가 용하다는 점집까지 갔다니까요. (중략) 예전엔 정말 엄마밖에 모르는 착한 아이였다고요. (중략, 중략) 죄송합니다. 책은 제가 꼭 반납하겠습니다."

체감상 이십 분이 넘는 통화였다. J는 평소 이용자를 다정하지만 단호하게 응대하기로 유명하다. 하지만 이번만큼은 한없이 대화에 끌려갔다. 전화를 끊은 그녀가 말했다.

"도저히 말을 끊을 수가 없었어요. 나라도 들어주지

않으면 저분, 화병 나겠더라고요."

동료 J는 사춘기 아들을 피해 주말 아침부터 카페로 피신한 엄마의 마음을 도저히 외면할 수 없었다고 했다. 도서관의 연체 독촉 전화가, 어느새 엄마의 속풀이 전화가 되어버린 것이다. 그날 J는 졸지에 체증을 쑥 내려주는 '인간 동치미'가 되었다.

다정도 병이라더니, 연체 독촉마저 너무 다정해지는 게 병이라면 병이겠다. 하지만 아무리 실적이 저조하더라도, 우리는 결코 대부업체 직원처럼 말할 수는 없다. 만약 우리의 방식이 통하지 않는다면, 그때는 공공기관의 지침에 따라 더 날카로운 후속 절차가 뒤따를 것이다. 그러니 우리는 우리가 할 수 있는, 다정한 독촉에 최선을 다할 뿐이다. 차가운 매뉴얼 대신 '꼭' '부디' '제발' 같은 뜨거운 부사어에 우리의 희망을 건다.

도서관 노동자에 대한 오해와 진실

 오랜만에 첫 직장 동료들을 만났다. 작은 광고회사에서 청춘을 함께 보낸 사람들이다. 나는 카피라이터였고, 그들은 디자이너였다. 신기하게도, 당시의 경력을 그대로 이어온 이는 아무도 없었다. 우리는 각자의 방식으로 다른 일을 하며, 다른 형태의 삶을 살아가고 있었다.

 도서관에서 일한다는 내 근황도 그들에게는 꽤 뜻밖의 소식이었다. 문헌정보학을 전공한 것도 아닌 내가 어떻게 도서관에 들어갔는지 궁금해했다. 아마 그들은 내가 대출 데스크에 앉아 책을 빌려주고 돌려받는 모습을 쉽게 상상했을 것이다.

그간 내가 했던 일을 아는 사람이라면, 그 정도 일만 하기엔 재능이 좀 아깝다고 여겼을지도 모른다. 반면, 오십 넘은 여자가 다시 일터로 나선다는 것의 어려움을 아는 사람이라면, 내 일자리가 오히려 과분하다고 느꼈을 수도 있다. 그러나 그 어떤 생각이든, 그 속에는 아주 단단한 오해가 자리잡고 있었다. 바로 도서관 일이 '아주 편한 자리'라는 오해다. 옛 동료들조차 나의 직업을, 조용한 곳에서 우아하게 책이나 읽는 '편한 일'이라 여겼다. 그 오해를 풀기란 쉽지 않았다. 사실 나도 이곳에 오기 전까지는 그렇게 믿었던 사람이었으니까.

영화 〈러브레터〉의 여주인공 후지이 이츠키는 도서관 사서다. 영화 속에서 그녀는 늘 앞치마를 두르고 있었다. 당시에는 그녀의 싱그러운 얼굴에 매료되어 무심히 지나쳤지만, 도서관 노동자로 몇 년을 살면서야 왜 그녀가 오피스룩 위에 앞치마를 입었는지 절실히 깨닫게 되었다. 수십, 수백 명의 손을 거친 책에는 생각보다 많은 오염과 먼지가 깃들어 있었다. 때론 그것들로부터 내 소중한 옷을 보호해야 했다. 작업복 주머니에 저마다의 이유가 있듯, 앞치마 주머니는 볼펜과 수선 도구를 넣기에도 요긴했다. 물론, 그렇다고 모두가 앞치마를 입는 것은 아니다. 나의 경우는 상당히 불편해서, 차라리 옷을 상하게 하는 쪽을 택했다.

도서관 노동자의 눈에 책은, 때로 활자가 새겨진 벽돌처럼 보인다. 특히 500페이지가 넘는 두꺼운 양장본은 말 그대로 벽돌장을 나르는 일과 다르지 않다. 처음으로 어깨에 파스를 뿌린 날, 나는 그 냄새에서 노동의 가치를 성스럽게 받아들이려 애썼다. 하지만 그런 날들이 차곡차곡 쌓여, 손목에는 보호대를 차고 어깨와 허리에 동전 파스를 붙인 채 출근할 무렵, 노동은 더이상 성스러운 것이 아니었다. 그것은 나의 육체가 서서히 닳아 없어지는, 고요한 소모전과 같았다.

몇 가지 오해는 더 있다. 도서관에서 일한다고 하면 꼭 듣는 말. "책을 많이 읽을 수 있어서 좋겠어요." 이 말은 반은 진실이고 반은 오해다. 책을 마음껏 '읽을' 수는 없다. 우리는 도서관에서 책을 읽는 시간이 아니라, 책을 '다루는' 시간을 보낸다. 대신 책 제목은 실컷

본다. 매일 수백 권의 책이 우리 손을 거치고, 우리 눈을 통해 스캔된다. "이 책 읽어보셨어요?"라는 질문을 받을 때면 잠시 멈칫한다. 내가 정말 이 책을 읽었던가, 아니면 제목만 수백 번 보았던가. 나조차도 헷갈린다. 분명한 사실은, 우리는 교양을 쌓으러 도서관에 온 것이 아니라 일하러 출근했다는 것이다.

"조용한 곳에서 일하니 좋겠네요." 이 말도 반은 진실, 반은 오해다. 번잡한 세상보다는 집중하기 좋고, 시끄러운 내 인생이 잠시 차분해지기도 한다. 하지만 도서관은 너무 조용해서 오히려 민원이 생기는 곳이다. 동료와 점심 메뉴를 정하려 소곤거리다보면, 귀 밝은 이용자에게는 그조차 소음이 된다. 노트북 키보드 소리가 누군가에게는 망치 소리처럼 들릴 수 있다는 것을 나는 도서관에서 처음 알았다. 그래서 조용한 공간은, 때로 지나치게 예민한 공간이 되기도 한다.

내가 진짜 도서관에서 일하는 것을 좋아하는 이유는 누구도 예상하지 못하는 지점에 있다. 매일 같은 시간에 와서 책을 읽고 글을 쓰는 이용자들의 진지한 열정을 볼 때, 읽고 싶었던 신간이 들어왔다며 아이처럼 설레는 모습을 볼 때, 나는 무한하고 벅찬 긍정의 에너지를 얻는다.

유모차를 끌고 와 아이를 무릎에 앉히고 동화책을 고르는 엄마들을 볼 때, 나는 일종의 위대함을 느낀다. 엄마로서 내가 정신없이 흘려보냈던 그 소중한 시절을, 그들이 대신 살아주는 것만 같다. "『흔한남매』 어디 있어요?" 하고 묻는 아이들의 초롱초롱한 눈을 볼 때면, 말을 잘 듣던 어린 내 딸들이 다시 내게 말을 걸어주는 듯한 착각에 빠진다.

도서관에서 일하는 기쁨은 '편하고 조용한 일'에서 오지 않는다. 오히려 다소 불편하고, 때로는 시끄럽기까지 한 관계 속에서 태어난다. 처음엔 낯설던 일들이 이제는 몸에 익숙해졌다. 조용한 공간 탓에 유일하게 나를 괴롭히던 이명(耳鳴)조차, 이겨내는 나만의 방식이 생겼다. 나는 의식적으로 나만의 작은 소음들을 일으킨다.

"감기는 다 나으셨어요?"

"이 많은 책을 벌써 다 읽으셨어요?"

"머리 스타일, 참 잘 어울리세요."

"책을 정말 좋아하는구나. 진짜 기특하네."

이용자들을 향한 끊임없는 관심의 표현. 그것은 데스크에 앉아 있는 내가 무인 대출 반납 기계와는 다르다는 작지만 끈질긴 항거와도 같다. 무인 기계는 결코 기억해줄 수 없는 그들의 작은 변화를 기억하고, 안부를 묻고 싶다. 나는 그것이 도서관이 이용자에게 건네는 가장 따뜻한 대출, 즉 '마음의 대출'이라 믿는다.

젊은 시절 광고인이었던 나는 '말'과 '문장'을 다뤘지만, 중년의 나는 도서관에 와서 '책'과 '사람'을 다루게 되었다. 겉보기엔 조용해 보여도, 책과 사람을 함께 다루는 이 일은 수많은 물리적 움직임과 감정의 조율을 필요로 한다. 적당히 육체적이고, 적당히 감정적인 노동자가 되었다. 그런 의미에서 도서관 노동자의 하루는 너무 고단해서도, 너무 편안해서도 안 된다. 도서관 일자리에 대해 너무 많은 오해가 있었다. 이제 나는 이 글을 통해, 그 모든 오해를 조용히, 그러나 정중하게 풀고 싶다.

4부

추억의 서가

1.5톤의 짜장면

 짜장면이 나에게 어떤 음식이냐고 누군가 묻는다면, 나는 욕망으로 비벼낸 맛있고도 슬픈 음식이라고 답할 것이다. 어릴 적 짜장면은 내가 생애 처음으로 욕망한 음식이었고, 기어이 쟁취해낸 전리품이었다. 그러나 그것이 왜 슬픈 음식이었는지를 깨닫게 된 것은, 한참의 세월이 흐른 뒤였다.

 어느 날 배우 유해진씨가 방송에서 짜장면 이야기를 꺼냈다. 늦게 귀가한 아버지에게 어머니가 "뭐라도 드셨어요?" 하고 물었다고 한다. 아버지는 짜증 섞인 말투로 대답하셨다. "어휴, 겨우 짜장면 한 그릇 먹었어." 그 말을 들은 어린 유해진씨는 도무지 이해할 수 없었다고 했다. 짜장면은 세상에서 제일 맛있는 음식인데, 그게 어째서 화를 낼 일인가.

'겨우 짜장면'이라 투정하는 아버지를 이해하지 못한 건 어린 유해진씨만이 아니었다. 어린 시절의 나 또한, 매일 짜장면을 먹는 아빠가 세상에서 제일 부러웠던 적이 있었으니까.

일곱 살 때였다. 유치원생이던 나는, 짜장면이 몹시도 먹고 싶었다. 언제 처음 그 맛을 봤는지는 희미하지만, 한번 맛본 이후로 내 혀끝은 늘 그 검고 달콤한 맛을 그리워했다. 아버지는 도시 노동자였다. 1.5톤 트럭을 몰며 고된 일을 하셨다. 아버지의 점심은 늘 차고지 옆 허름한 중국집의 짜장면이었다. 일과를 마치고 돌아와, 회색빛 외투와 검은 양말을 벗으며 엄마에게 말하는 것을 엿들었다. 매일 짜장면이라니. 부러움을 넘어 존경스러울 지경이었다. 언젠가 반드시 아빠에게 찾아가 짜장면 한 그릇을 얻어먹으리라. 나는 굳게 마음먹었다. 돌이켜보면 내가 기억하는 첫번째 욕망의 대상은 짜장면이었던 셈이다. 하지만 당시의 나는 중국집 메뉴판처럼, 시키면 시키는 대로 하는 온순한 아이였다.

그러던 어느 날이었다. 아마도 나의 98퍼센트 온순함 속에는 2퍼센트의 발칙함이 숨어 있었던 모양이다. 그 2퍼센트의 발칙함이 98퍼센트의 온순함에 마침내 저항하던 날. 모험을 감행할 만큼 짜장면에 대한 열망이 절정에 달했다. 나는 가장 친한 친구와 이른바 '짜장면 원정대'를 결성했다.

아버지가 일하는 곳까지 가려면 신작로 두 개를 건너야 했다. 하나는 신호등이 있었고, 다른 하나는 없었다. 그 길은 일곱 살 나에게 태평양처럼 넓고, 거대한 파도가 쉴 새 없이 출렁이는 바다였다. 우리는 손을 꼭 잡고, 높은 파도처럼 밀려오는 차들을 피해 위태롭게 길을 건넜다. 차들이 달리면 우리는 멈췄고, 차들이 멈추면 우리가 달렸다. 드디어 사거리를 무사히 건넜다.

문제는, 정확한 위치를 모른다는 것이었다. 망망대해에서 야자수가 있는 섬을 찾는 것처럼, 우리에겐 단 하나의 힌트뿐이었다. 바로 1.5톤 트럭. 사거리 부근을 헤매다 기어이 몇 대의 트럭이 모여 있는 사무실을 찾아냈다. 운이 좋았다. 마침 아버지도 그곳에 계셨다.
"아빠."

친구와 함께 느닷없이 나타난 나를 보고 아버지는 깜짝 놀라, 삐걱거리는 의자에서 벌떡 일어나셨다. 나는 의기양양하게 말했다. 짜장면이 먹고 싶어서 여기까지 왔다고. 신작로 두 개를 우리가 직접 건너왔다고. 아버지의 반응은 예상과 달랐다. 대단한 일을 해냈다며 머리를 쓰다듬어주실 줄 알았는데, 아버지는 당황한 얼굴로 엄마에게 전화를 거셨다.

전화 통화를 마치고 나서야, 아버지는 우리를 데리고 중국집으로 향하셨다. 그토록 와보고 싶었던, 차고지 옆 짜장면집으로. 드디어 아버지가 짜장면을 주문하셨다. 김이 모락모락 피어오르는 짜장면이 나왔다. 그런데 이상했다. 사람은 둘인데, 짜장면은 한 그릇뿐이었다. 나는 아버지에게 이유를 묻지 않았다. 물을 수 없었다는 편이 더 정확할 것이다. 어린 마음에도, 그 한 그릇에 담긴 것이 단순한 짜장면이 아님을 어렴풋이 느꼈기 때문일까. 친구와 나는 말없이 그릇을 반으로 나누었다. 그릇이 반질반질해질 때까지, 볶은 양파

한 조각 남기지 않고 핥아 먹었다. 완벽한 한 끼였다.

짜장면 원정대는 성공의 깃발을 유치원 가방에 꽂고 의기양양하게 집으로 돌아왔다. 그러나 그날 나를 기다리고 있던 건, 양파처럼 매운 엄마의 잔소리였다. 나는 노란 단무지처럼 노랗게 질려, 다시 얌전한 아이가 되겠다는 반성문을 써야 했다.

그때 내가 처음으로 탐험했던 신작로는 지금의 천호대로, 서울 동쪽에서 가장 분주한 길이다. 지금도 그 길을 지날 때면, 일곱 살짜리 아이 둘이 어떻게 저 넓은 도로를 건넜는지 믿기지 않는다. 얼마나 짜장면이 먹고 싶었으면, 그런 무모한 원정을 감행했을까. 한편으로는, 그 뜨거운 욕망을 기어코 쟁취해낸 어린 내가 기특하게 느껴지기도 한다.

얼마 전 아침, 도서관으로 출근하던 길에 솜뭉치가 눈처럼 흩날리는 풍경을 보았다. 한여름에 눈이라니. 8월의 크리스마스처럼 신비로웠지만, 그 솜뭉치는 도로를 점령한 무법자였다. 차들이 비상 깜빡이를 켜고 거북이걸음을 했다. 멀리 갓길에 1.5톤 트럭 한 대가 서 있었다. 트럭 뒤에는 솜뭉치가 산처럼 실려 있었다. 누가 봐도 과적 차량. 솜을 묶었던 안전망이 터지며, 솜이 거리로 쏟아져나온 모양이었다.

 그 트럭 옆을 천천히 지나가는데, 당황한 기사의 얼굴을 보았다. 그는 휴대전화를 꺼내 들고 있었다. 1.5톤 트럭이 감당 못 할 짐을 실은 그에게는 어떤 사연이 있었을까. 이 아수라장을 어디에 전화해 도움을 청하려는 걸까. 순간 그의 얼굴 위로, 매일같이 짜장면으로 허기를 채우고 돌아오던 젊은 아버지의 얼굴이 겹쳐졌다. 아버지의 1.5톤 트럭에도 언제나 저런 보이지 않는 짐들이 가득 실려 있었으리라. '하나만 더, 하나만 더' 실어달라는 요구를 차마 외면하지 못했을 것이다. 조금만 더 실으면 운송비를 더 받을 수 있다는 기대도 있었을 것이다. 그 모든 과적은 결국, 가족이라는 가장 무거운 짐을 지기 위함이었다. 아버지 트럭에 실린 것은 짐이 아니라, 생계의 무게였다.

 오늘 오후, 예고된 비처럼, 그 비를 맞는 솜뭉치처럼, 마음이 묵직해졌다.

 나는 요즘도 팔순이 넘은 아버지에게 짜장면을 사달라고 조른다. 도시 노동자였던 아버지의 노년은, 다행히 낡은 도시의 재개발 덕분에 조금은 나아졌다. 아버지와 나란히 앉아 짜장면을 먹다보면, 가끔 눈이 부시다. 짜장면 위에서 윤슬처럼 반짝이는 기름이, 젊은 날 아버지가 말없이 삼켰을 고단한 슬픔처럼 보이기 때문이다. 그리고 한입 가득 베어 물면, 눈물이 고일 만큼 여전히, 짜장면이 맛있기 때문이다.

잘 '말리는' 밤입니다

야심한 밤, 야심한 시각. 남편이 샤워를 마쳤다. 그런데 뭔가 이상했다. 평소 같으면 무슨 일이 있어도 정수리만은 뽀송하게 말리는 사람이, 오늘은 머리를 수건으로 대충 툭툭 털고는 몸 전체를 침대로 던지듯 털썩 누워버렸다. 머리카락에서 물기가 뚝뚝 떨어졌다. 이건 뭔가 심상치 않다는 신호였다.

그의 루틴대로라면 지금쯤 책을 읽으러 거실 책상에 앉아야 할 시간. 남편은 내가 도서관에 다니기 시작한 후부터, 책 읽는 중년이 되었다. 내가 할 수 있는 최고의 내조는 뜨끈한 신간을 식지 않게 배달해주는 것. 나는 '신간 배달 우먼'이 되어, 중년의 늘어진 권태기를 쫄깃한 지식의 맛으로 채워주곤 했다. 그렇게 그는 1년에 80권을 읽고 기록하는 사람이 되었다.

며칠 전부터 남편은 회사에서 스트레스받는 일이 있다고 했다. '그래도 그렇지, 머리는 말리고 자야지.' 저렇게 잠들면 베개와 이불은 축축해질 테고, 두피 건강에도 좋을 리 없다. 딸에게 하듯, 잔소리 가득한 눈빛으로 남편을 쳐다보았다. 아, 그런데 저렇게 피로에 찌든 모습은 처음이다. 순간 내 전두엽이 살짝 맛이 간 건지, 잔소리 대신 아카시아 꿀 같은 말이 튀어나왔다.

"여보, 내가 머리 말려줄까?"

이를 어쩌나. 이미 뱉어버려 주워담을 수도 없다. 신혼 때조차 남편의 머리를 말려준 기억이 없는데. "갑자기 왜 이래?" "됐어, 괜찮아" 같은 농담으로 빠져나갈 줄 알았던 남편도 "어, 그래" 하고 순순히 받아들인다. 이 남자의 전두엽도 오늘은 정상이 아닌 모양이다.

나는 드라이기를 가져왔다. 남편이 몸을 일으키더니, 아이처럼 순하게 앉는다. 나는 너무 가깝지도 멀지도 않게, 두피에서 딱 10센티미터 거리를 유지하며 드라이기를 갖다댔다. 바람 세기는 '강', 온도는 '중'. 오른손 엄지로 스위치를 '온'으로 밀어올린다.

'난생처음'이다.

물론 남편도 내 머리를 말려준 적은 없다. 두 아이를 낳아 키우고, 시어머니 병간호까지 하느라, 우리는 서로의 두피까지 사랑할 여력이 없었다. 서로의 몸은 각자도생이라는 암묵적 합의 아래, <u>스스로 씻고, 바르고, 지켜왔다</u>. 그것이 격동의 시간을 함께 통과해온 중년 부부의 효율적인 생존 방식이라 믿었다. 나는 남편의 화장품 한번 사다준 적이 없지만, 그는 백화점에서 나보다 더 비싼 화장품을 사서 쓴다. 얄밉지는 않았다. 그가 평소 가족을 위해 얼마나 애쓰는지 아니까.

바람의 방향에 따라 남편의 머리카락이 춤을 춘다. 바람이 머리카락 뿌리를 밀어내자, 좀처럼 속을 드러내지 않던 그의 두피가 모습을 보인다. 이제껏 한 번도 본 적 없는 풍경. 머리카락이 물러나며 드러난 두피는, 마치 낯선 행성의 표면 같았다. 정수리의 밀도가 뒤통수만 못하다는 사실은 차마 말할 수 없었다. 또래보다 머리숱이 많다는 것을 그는 중년의 자산처럼 여기지 않던가. 그래도 새치가 없어 염색 한번 하지 않은 두피는 건강한 편이다. 바람의 세기를 조금 줄인다. 바람이 남편의 머리카락을 한결 순하게 쓰다듬는다.

어머, 벌써? 몇 초 지나지 않은 것 같은데, 푹 젖었던 머리카락이 금세 보송해지기 시작했다.

문득 드라이플라워가 떠올랐다. 한때 나는 말린 꽃에 꽤 진심이었다. 붉은 계열의 꽃들을 사다가, 가장 예쁜 순간이 지나기 전에 거꾸로 매달았다. 건조하고 어두운 밀실 한쪽에. 꽃은 필 때는 햇살을 사랑하지만, 마를 때는 어두운 그늘을 더 좋아한다는 걸 그때 알았다. 3주쯤 지나면, 꽃은 제 색과 형태를 간직한 채 근사한 드라이플라워로 다시 태어났다.

중년의 우리도 그렇다. 청춘의 물기는 모두 빠져버렸지만, 가장 아름다웠던 시절의 형태와 빛깔은 고스란히 남아 있다. 잘 말려져서 아직은 고운 상태. 세상을 마구 밀어붙이던 붉은 열정은 바랜 장밋빛이 되었지만, 그럼에도 우리는 제 빛깔을 소중히 간직하고 있다. 남편은 남을 누르지 않고도 자기 자리를 지켜냈고, 나는 다시 글을 쓰는 문학소녀, 아니 문학 중년으로 돌아왔다.

제법 머리카락이 다 말랐다. 길고 숱 많은 딸의 머리를 말리는 것에 비하면 삼분의 일도 안 되는 시간. 조금 아쉽다는 생각마저 들었다. 나는 오른손 엄지로 스위치를 내렸다. "좋아?" 물으니 좋다고 한다. 남편의 얼굴에 평화가 깃들어 있었다. 다행이다.

잠들 줄 알았던 남편이 침대에서 일어난다. 책상에 앉아 새로운 신간을 펼친다. 지난번에 빌려간 책은 다 읽었다며, 내일 반납해달란다. 오늘만큼은 이 오만방자한 이용자를 너그러이 봐주기로 한다.

어릴 때 읽었던 오 헨리의 단편소설 「크리스마스 선물」이 떠올랐다. 서로를 위해 가장 소중한 것을 아낌없이 내어주는 가난한 부부의 사랑. 나는 남편의 머리카락을 말려주었고, 그는 내게 다시 책 읽는 밤의 평화를 선물했다. 어쩌면 이것이 우리 방식의 '크리스마스 선물'은 아닐까. 오늘밤, 이 작은 시간이 그에게도 선물 같은 순간이 되었으면 좋겠다.

이제 루틴대로라면 남편은 신간을 읽고, 바둑 게임을 하고, 영어 회화 앱을 켤 것이다. 그사이 나는 먼저 잠들 것이다. 내가 렘수면에 접어들 무렵, 남편은 조용히 방으로 들어와 불을 끄고, 미국 주식 차트를 들여다보다, 안경을 벗어 협탁에 놓고, 오 분도 안 되어, 책갈피 끈처럼 조용히 몸을 꼬부려 잠이 들겠지. 중년의 밤은 그렇게, 소란스럽지 않게 잘 마를 것이다.

떡볶이로 견디고, 엉덩이로 버티고

 내가 아는 어떤 도서관은 '신간 맛집'이 아니라 '백반 맛집'으로 더 유명하다. 검색창에 도서관 이름을 치면 연관 검색어 제일 위에 '○○도서관 식당'이 뜰 정도다. 호기심에 후기를 찾아보니 소문대로였다. 부모님을 모시고 도서관으로 '백반 기행'을 떠났다. 열한시 삼십분에 도착했는데, 이미 식당은 인산인해였다. 인근 어르신들과 직장인들이 백반을 먹기 위해 길게 줄을 서 있었다.

 숭늉까지 곁들여진 10찬 넘는 상차림을 마주하니 과연 소문이 과장은 아니었음을 실감했다. 집밥만 고집

하시던 친정엄마도 고개를 끄덕이셨다. 책이 아니라 밥을 먹으러 가끔 들르고 싶을 정도였다.

학창 시절의 나 역시 밥을 먹기 위해 도서관에 갔다. 그때의 밥은 '라이스'가 아니라 컵라면과 떡볶이였다. 엄마가 그토록 못 먹게 하던 컵라면을 죄책감 없이 먹을 수 있는 유일한 해방구가 바로 도서관이었다. 그리고 도서관 앞 분식집에서 먹던 떡볶이는, 지금도 내 인생 최고의 맛으로 남아 있다.

그 시절 도서관은 귀한 곳이어서 늘 줄을 서야 들어갈 수 있었다. 내가 살던 도시엔 공공도서관이 단 두 곳뿐이었다. 나는 주로 강동도서관을 다녔다. 새벽같이 일어나 엄마에게 점심값과 자판기 커피값을 받아 친구들과 도서관으로 향했다. 열람실 좌석표를 받기 위해 한 시간을 기다렸고, 번호표를 받으면 외출은 금지였다. 점심은 무조건 도서관 안에서 해결해야 했다. 주로 컵라면, 가끔은 가락국수. 불어터진 면발 위에 단무지 몇 조각이 전부였지만, 그 단무지 한 조각을 서너 번에 나눠 먹을 만큼 귀하게 여겼다.

저녁까지 도서관에서 버틴 이유는, 그 앞 분식집에

서 떡볶이를 먹기 위해서였다. 엄마에게 두 끼의 밥값을 타낼 구실도 필요했다. 떡볶이와 순대볶음을 함께 먹으면 천상의 맛이었지만, 순대볶음은 비싸서 늘 떡볶이만 먹었다.

예나 지금이나 나는 떡볶이 앞에만 앉으면 투사가 되었다. 공부 욕심은 없어도 떡볶이 욕심만큼은 챔피언이었다. 그날도 나는 투사 본능에 충실하게 떡볶이를 먹고 있었다. 그런데 누군가의 아련한 시선이 느껴졌다. 곁눈질로 보니 인근 남학교 신문반 편집장이었다. 우리는 구면이었다.

그 시절, 나는 인근에서 제법 알려진 문학소녀였다. 교지 편집부에서 활동했고, 교외 백일장에서 곧잘 상을 받았다. "네가 지난번 장원이었던 아이구나." 다른 학교 선생님들과 남학생들이 그런 식으로 나를 알아봤다. 그럴 때면 수줍게 귀엣머리를 넘기며 내숭을 떨었다. 다행인지 불행인지, 얼굴이 예쁘지 않았기에 공부에 지장을 줄 만한 연애는 없었다.

그 신문반 편집장은 문학소녀였던 내게 관심을 보인 몇 안 되는 인물 중 하나였다. 하지만 그날 내가 그에게 보여준 모습은 '떡볶이 돼지'였다. 친구가 집으려던 순대볶음을 향해, 이성을 잃고 삼지창처럼 포크를 꽂아버리는 여전사. 그날따라 유독 배고팠고, 떡은 평소보다 쫄깃해 씹을 새도 없이 넘겼다. 곁눈질로도 충분히 느낄 수 있었다. 문학소녀를 향하던 그의 눈빛이, 떡볶이 여전사를 보며 아련함에서 싸늘한 실망으로 바뀌는 그 찰나를. 하지만 여기서 멈춘다면 나는 더 이상한 인간이 될 터였다. 나는 차라리 친구의 포크를 막아내며 마지막 순대 한 조각까지 사수하는, 솔직하고도 처절한 여전사로 남기로 했다.

조선 시대도 아니건만, 남녀칠세부동석의 암묵적인 규칙은 열람실 좌석에도 적용됐다. 점심을 먹고 나면 용각산 가루처럼 스르르 잠이 쏟아졌다. 그 잠을 이겨낼 재간이 없었다. 남녀가 분리된 덕분에 오히려 눈치 보지 않고 편하게 잘 수 있었다.

당시 열람실은 만원 버스처럼 밀도가 높았다. 창문조차 열지 못하는 계절이면, 사람 특유의 체취와 땀냄새가 이스트처럼 부풀어 열람실을 가득 채웠다. 성적도 그렇게 부풀어올랐으면 좋았으련만, 도서관 출석률과 성적이 비례하지는 않았다. 엄마는 점심값을 줄 때면 가끔 한숨을 쉬셨다. 콩나물값 깎듯 밥값을 깎으실 때면, '이번 시험 잘 봐서 순댓값까지 타내야지' 다짐했지만, 그런 기적은 흔치 않았다.

친구와 나눠 마신 자판기 커피는 그 시절 우리의 각성제였다. 커피 한 잔을 마시며 가고 싶은 대학이나 꿈을 이야기할 땐 각설탕처럼 뾰족해졌고, 탁한 크림처럼 축 처지고 마음이 가라앉기도 했다. 성적은 오르지 않았지만, 우리는 시험이 끝날 때까지 도서관에 갔다. 그 성실함이 언젠가는 50원 더 비싼 고급 커피를 마시게 해줄 거라 막연히 믿었다.

그 시절, 답답한 열람실에서 우리가 진짜로 키운 것은 성적이 아니라 엉덩이로 버티는 힘이었다.

삼십 분만 더 참으면 일어날 수 있었고, 한 시간만 더 참으면 밥을 먹을 수 있었고, 두 시간만 더 버티면 집에 갈 수 있었다. 그렇게 네 시간, 1년, 3년…… 더 참고 버티자는 마음이 우리를 견디게 했다. 그 우직한 힘은 생각보다 질겼다. 대학에 떨어져도, 꿈에서 멀어져도, 취업이 늦어지고 승진에서 밀려도, 그때 단련했던 엉덩이의 힘은 우리를 다시 의자에 앉혔다. 세상은 끝까지 버티는 자에게 기회를 주었고, 때로는 진짜 고급 커피를 마시는 기적도 허락했다.

성실함은 그렇게 성적보다 강했다. 그 시절, 우리는 떡볶이로 허기를 채우고, 엉덩이 힘으로 세상을 버텼다.

띠딩, 띠딩. 카드값 알림이 울린다. ○○돈까스 10,900원, ○○커피 3,500원. 도서관에 간 딸이 저녁을 먹는 모양이다. 그래, 울려라, 울려. 마음껏 울려도 좋다. 나는, 나의 엄마와는 다르다. 성적이 오르지 않는다고 밥값을 깎지는 않을 것이다. 절대로, 결단코. 지금 내 딸 또한, 그 시절의 나처럼 도서관에서 제 삶을 버텨낼 가장 질긴 힘을 키우는 중이니까.

금광을 두고서 금반지를 팔았네

 퇴근 무렵, 전집 60권이 한꺼번에 대출되었다. 가족 세 명이 오면 충분히 가능한 일이다. 반납 연기까지 고려하면 앞으로 3주간 저 책들은 어느 집 서가를 빼곡히 채울 것이다. 책이 빠져나간 도서관 서가는 도둑맞은 보물창고처럼 휑했다. 하지만 서가의 빈자리는 그만큼 많은 이들이 책을 읽고 있다는 증거이니, 오히려 좋은 일일지도 모른다.

 휑한 서가를 정리하며 동료 A에게 물었다.

 "선생님은 아이들 어릴 때 전집 많이 사주셨어요?"

 A의 표정이 순간 오묘해졌다. 안타까움과 어이없음,

체념이 뒤섞인, 실로 많은 이야기를 품은 얼굴이었다.

"저는 전집 사주려고 애들 금반지까지 팔았잖아요."

전집 때문에 금반지까지 팔았다니. 지금 금 시세를 생각하면 상상도 못 할 일이지만, A가 들려준 이야기는 2000년대 초중반에 아이를 키운 엄마라면 누구나 고개를 끄덕일 법한, 그 시절의 자화상이었다.

그녀가 들려준 이야기는 이러했다. 세 살 터울의 남매를 키우던 시절, 큰아이가 다니던 어린이집 엄마들 모임에 나갔다가 거대한 파도에 휩쓸렸다고 했다. 당시 엄마들 사이에서는 누가 전집을 몇 세트 들였느냐가 교육열의 척도처럼 여겨졌다. 자연 동화, 세계 명작, 영어 동화…… 각자 읊어대는 책 목록은 끝이 없는데, A만 전집이 없었다. 그 순간 아이들에게 죄인이 된 기분이었다고 했다.

모임이 끝나고, A는 어떤 엄마에게서 '영사(영업사원)'의 명함을 건네받았다. 문제는 돈이었다. 전집 가격은 한 달 치 생활비에 버금갔고, 몇 년 후 입주할 아파트 중도금도 빠듯한 상황이었다. 망설이던 순간, 그녀는 장롱 속에 잠들어 있던 아이들의 백일과 돌 금반지를 떠올렸다.

그 시절 금 한 돈은 5만 원 남짓. 반지를 묵히느니 아이들에게 책 한 권 더 사주는 게 낫겠다 싶었다. 남편도 흔쾌히 동의했다. 그렇게 금반지 열 돈이 전집 한 세트가 되었다. 막상 책을 받아보니 아이들이 너무 좋아해서, 금반지가 아깝다는 생각은 1그램도 들지 않았다고 했다.

시간이 흘러 아이들이 자라자, 전집도 업그레이드할 때가 왔다. 둘째가 한창 읽는 중이라 처분할 수도 없었다. 결국 그녀는 기념으로 남길 백일반지와 돌반지 하나씩만 빼고 나머지 금반지를 모두 팔았다. 그렇게 금반지 스무 돈이 전집 두 세트로 변신했다.

그리고 몇 년 후, 새 아파트로 이사하며 전집을 처분하려 했지만, 중고책 시세는 바닥을 기고 있었다. 반면 금값은 천정부지로 치솟고 있었다. "솔직히 배가 아팠지만, 두 아이가 책을 잘 읽어준 것만으로도 감사하기로 했어요." 그녀는 씁쓸하게 웃었다. 결국 전집 두 세트는 금반지 한 돈값도 안 되는 헐값에 팔려나갔다.

정작 엄마들은 아이 옆에서 책 한 권 제대로 읽어주

지 않으면서, 전집 사기에만 몰두하던 시절이 있었다. 나 역시 금반지만 안 팔았을 뿐, 그 시절의 엄마들과 다르지 않았다.

나는 책을 사기 위해 책장을 샀고, 텅 빈 책장을 채우기 위해 다시 책을 샀다. 그것은 마음의 불안을 물질로 틀어막는 행위와 같았다. 그 행위에서 '나는 할 만큼 했다'는 묘한 뿌듯함을 느꼈다. 오늘 너희가 먹는 고기반찬도, 너희 방을 채운 저 책들도, 다 일하는 엄마 덕이라는 걸 은근히 세뇌했다. 어쩌면 일하느라 부족했던 돌봄의 시간을, 책더미로 만회하려 했던 건지도 모른다.

그러다보니 진짜 중요한 것에 소홀했다. 그 책을 얼마나 재미있게 읽었는지, 어떤 문장이 네 마음을 흔들었는지, 그런 다정한 질문을 던져본 기억이 없다. 3년 전, 집을 리모델링하며 그 책들을 모조리 버렸다. 1.5톤 트럭에 가득 실려나가는 책들을 보며 중얼거렸다. "저게 다 얼마야……" 한때 내 통장을 스쳐간 월급의 일부가 아닌가. 트럭 바퀴가 돌자 내 눈물도 핑 돌았다.

요즘 도서관에 오는 엄마들은 그때의 나보다 현명해

보인다. 도서관 서가를 자신의 서가처럼 마음껏 활용할 줄 알기 때문이다. 매주 오는 한 모녀는, 도서관에 오면 독서대부터 빌린다. 아이가 책을 읽는 동안 엄마도 조용히 함께 책을 읽는다. 그 모녀 옆을 지날 때면, 갓 쪄낸 인절미처럼 고소하고 따뜻한 냄새가 나는 것 같았다. 저렇게 반듯하게 자란 아이가 훗날 얼마나 맛있는 세상을 빚어낼까 싶었다.

주말이면 도서관은 가족 단위 나들이객들로 북적인다. 네 식구가 총출동해 80권을 대출해가는 모습은 그야말로 장관이다. 서가 한 줄이 통째로 사라진다. 무거운 책더미를 번쩍 들어올리는 젊은 아빠들을 보면, 마치 막냇동생처럼 기특하다. 유난히 든든해 보이는 그의 팔뚝에서, 나는 근육의 가장 아름다운 쓸모를 본다.

한 달에 한 번, 어린이집 5세 반 아이들이 견학을 온다. 처음에는 책을 장난감인 줄 알던 아이들이었다. 1년쯤 지나고 보니, 아이들이 몰라보게 의젓해졌다. 선생님이 책을 읽어주자 아이들의 두 눈에서 빛이 났다. 세상을 향한 호기심과 이야기에 대한 설렘이 뒤섞인 그 눈빛이, 꼭 금반지처럼 반짝이고 있었다. 그 순간, 나는 깨달았다. 도서관의 서가가 아이들의 저 눈빛을 품에 안은 거대한 금광이라는 것을.

그때 우리는 이 진짜 금광을 바로 곁에 두고서, 왜 그토록 어리석게 아이들의 금반지를 팔아야만 했을까.

잠만 잘 자더라

 어린 시절, 어린이는 무조건 밤 아홉시에 자야 하는 줄 알았다. 다행히 나는 머리만 대면 잠드는 착한 아이였다. 그런데 가끔 잠 못 들고 말똥말똥 눈을 뜨고 있으면, 엄마는 말씀하셨다.
 "너는 자는 모습이 가장 예뻐."
 그 말을 철석같이 믿은 나는, 세상에서 가장 예쁜 얼굴을 하기 위해 눈을 감았다. 잠은 나를 좋아했고, 나도 잠을 좋아했다. 그 덕에 동생이 둘이나 태어났고, 키도 남들만큼은 자랐다.
 청소년이 되자 세상이 달라졌다. 잠을 자야 착해진

다던 어른들은, 이제 잠을 줄여야 공부를 잘할 수 있다고 했다. 15년간 반복된 수면 습관이 하루아침에 바뀔 리 없었다. 해야 할 공부는 산더미인데, 잠은 폭포수처럼 쏟아졌다. 천근만근인 눈꺼풀을 들어올리는 것이 윗몸일으키기 열 번보다 더 어려웠다.

고3 때, 엄마가 큰맘 먹고 사설 독서실을 끊어주셨다. 엄마는 야무진 둘째보다 첫째인 내게 남몰래 기대를 거셨다. 저녁 열시가 되면, 엄마는 내가 좋아하는 만두를 쪄서 독서실에 오셨다. 그 만두를 먹고 새벽 두시까지 맹렬히 공부하기를 바라셨다. 하지만 엄마의 사랑과 욕심이 듬뿍 담긴 만두를 먹고 나면, 온몸의 혈액이 위장으로만 쏠리는 듯 잠이 쏟아졌다. 잠드는 것이 엄마의 간절한 기대를 저버리는 배신임을 알면서도, 결국 나는 잠을 이겨내지 못했다. 그렇게 나는 엄마의 만두와 나의 잠 사이에서, 귀한 고3 시절을 망쳐버렸다.

잠 때문에 인생의 첫 단추를 잘못 끼웠다는 기억 때문일까. 나는 딸을 일찍 재우지 않았다. '일찍 자야 착한 어린이' '자는 모습이 가장 예쁘다' 같은, 내 어린 시절의 진실을 전수하지 않았다. 숙제를 끝내야 잠자리에 들 수 있고, 키보다 성적이 먼저라고 말했다. 나쁜 엄마는 아니었다. 그것이 딸을 위한 최선이라 믿는, 이 시대의 엄마였다.

그런데 잠은 습관이 아니라 유전이었다. 나처럼 잠을 이겨내지 못하는 딸의 모습을, 나는 고1 기말고사 기간, 도서관 열람실에서 정면으로 마주하고야 말았다.

그날 우리는 나란히 도서관에 갔다. 무슨 바람이 불었는지, 딸이 먼저 엄마와 도서관에 가서 공부도 하고 맛있는 것도 먹고 싶다며, 모처럼 '도서관 데이트'를 신청해온 것이다. 짜장면을 먹을까, 스파게티를 먹을까. 수박 주스를 마실까, 팥빙수를 먹을까. 딸과 함께할 다정한 시간을 상상하며 오래간만에 설렜지만, 안타깝게도 그 설렘은 설레발로 끝났다.

딸은 도서관에 도착하자마자 졸기 시작했다. 네 시간 동안 무려 세 시간을 졸았다. 너무 피곤해 보여 점심도 서둘렀다. 짜장면에 군만두까지 시켜주었다. 군만두를 서비스가 아닌 정식 메뉴로 시킨 건 처음이었다. 그것은 엄마의 사랑과 욕심이 치밀하게 계산된 주문이었다. '군만두까지 사줬으니, 이제 정말 열심히 하겠지.' 그 시절, 엄마가 내게 만두를 쪄주던 바로 그 마음으로, 나는 딸에게 기대했다.

그런데 점심을 먹고 온 딸은 더 격렬하게 졸았다. 커피를 마셔라, 세수하고 와라, 이럴 거면 차라리 잠깐 엎드려 자라. 네 시간 동안 내 입만 아팠다. 더 기가 막힌 건 딸의 반응이었다. 절대 안 잤다고 시치미를 뚝 떼는 것이다. 내가 언제 잤냐, 졸린 걸 어떡하냐, 잔소리할 거면 집에 가라. 갈수록 얼굴만 두꺼워지는 딸은 공부는 제자리인 채 반항만 늘고 있었다.

그 순간 무섭도록 엄습해오는 감정이 있었다. 좌절감이었다. 나는 깨달았다. 아, 잠은 습관이 아니라 유전이었구나. 내가 아무리 딸을 닦달해도, 이길 수 없는 거대한 힘이었구나. 지금까지 딸이 잠을 이기지 못하는 아이라는 걸 왜 몰랐을까. 자책감이 밀려왔다. 생각해보니 딸보다 언제나 내가 먼저 잠들었기에, 딸도 나처럼 잠이 많다는 사실을 눈치채지 못했다.

우리 모녀의 잠은 대체 누구로부터 온 것일까. 6·25

때 피난 가는 절체절명의 순간에도 잠을 자고 있었다는 돌아가신 큰고모가 떠올랐다. 어쨌거나 나는 또다시 바닥을 칠 딸의 기말고사 성적표를, 집안의 잠버릇 덕분에 미리 헤아려볼 수 있었다.

결국 우리는 나란히 도서관을 나섰다. 그때까지 딸은 영어 학원 숙제조차 끝내지 못한 듯했다. 속으로 생각했다. '우리 모녀의 도서관 데이트는 오늘이 마지막이겠구나.' 괜히 돈 쓰고 속 터지는 일을 반복할 필요는 없었다.

사실 도서관에서 조는 아이들은 흔하다. 솔직히 떠드는 아이는 밉지만 조는 아이는 안쓰럽다. 얼마나 피곤하면 저럴까 싶어, 그 옆을 지날 때면 발소리를 낮추게 된다. 남에게 피해를 주는 것도 아니니 굳이 깨우진 않는다. 하지만 내 딸이 도서관에서 졸고 있는 모습은 안쓰러움을 넘어 속이 쓰렸다. 그 모습에서 잠 때문에 꿈조차 제대로 꾸지 못했던 내 지난날이 겹쳐 보였기 때문이다.

비록 딸과의 도서관 데이트는 실패로 끝났지만, 쏟아지는 잠을 이기지 못하는 딸이 안쓰러우면서도 어쩐지 싫지 않았다. 그건 모녀가 똑 닮았다는, 지울 수 없는 증거였으니까. 그리고 딸이 조는 동안, 나는 무언가를 열심히 쓰고 있었다. 오랜만에 써보는 절절한 시였다.

어른이 되어서도 나는 여전히 잠이 많다. 그나마 다행인 것은, 깨어 있는 시간만큼은 절대 허투루 쓰지 않는다는 점이다. 그건 우리 모녀가 똑같다. 깨어 있는 시간만큼은 누구보다 밀도 높게 살아내는 것. 그것이 잠 많은 우리 모녀가 세상에서 그럭저럭 중간은 하며 살아가는 방식이다.

잠만 잘 자더라
―기말고사가 코앞인데, 엄마 눈이 뒤통수에 있는데

차에 타자마자 자더라
내 차 승차감이 벤츠 S-클래스급인 줄 알았다

차창이 부서져라 자더라
너 머리통 안 깨진 거 보니 뼈는 단단한 줄 알았다

책 펴자마자 자더라

그래도 명색이 도서관인데, 삼십 분은 공부하고 잘 줄 알았다

점심 먹고 와서도 자더라

짜장면과 군만두에 커피까지 사주면 미안해서 못 잘 줄 알았다

깨워도 자더라

졸면 깨워달라기에 깨우면 세수라도 하고 올 줄 알았다

안 잤다고 하면서 자더라

방금 코에서 깊은 숨소리 들려서 현장 잡아내면 인정할 줄 알았다

긴 머리카락, 암막 커튼처럼 쳐놓고 자더라

내가 묶은 고무줄까지 빼서 주면, 머리 묶고 마음 묶

고 공부할 줄 알았다

차라리 자라 했더니 아예 대놓고 자더라
청개구리인 네 성격, 자라고 하면 말 안 듣고 안 잘 줄 알았다

학원 갈 시간 돼도 자더라
숙제 다 못한 거 같은데 학원 가기 전에는 불안해서 깰 줄 알았다

진짜, 나랑 똑같이 자더라
도서관에서 자는 네 모습, 고등학교 때 내 모습과 똑 닮아서 그때 울 엄마의 불타오르던 속, 이제야 알았다

그래도 넌 졸아도, 졸아도 예쁜 딸
혹시 졸더라도 엄마가 사랑한다는 건 알고 졸기를 바란다

클리어 파일 실종 사건

"삼다수 그림이 그려진 이어폰 케이스를 두고 갔는데, 혹시 찾아주실 수 있을까요?"

"열람실에서 노트북 충전기를 놓고 왔는데요……"

잃어버린 물건을 찾는 전화가 연거푸 걸려왔다. 유독 분실물 문의가 몰리는 날이 있다. 중·고등학생 이용자가 많았던 시험 기간 다음날이면 대체로 그렇다. 나 역시 그 시절엔 물건을 자주 흘리고 다녔다. 그래서일까. 잃어버린 물건을 이토록 적극적으로 찾으려는 학생들이 기특하게 느껴진다.

1층 분실물 보관함으로 내려갔다. 날짜와 장소가 적

힌 분실물들이, '나 좀 데려가주세요' 하듯 줄지어 앉아 있었다. 다행히 이용자들이 애타게 찾던 두 물건은 모두 그 안에 있었다. 모양, 색깔, 장소까지 완벽히 일치했다. 디엔에이 검사까지 할 필요도 없었다.

그런데 낯선 물건 하나가 눈에 들어왔다. 요즘 감성과는 좀처럼 어울리지 않는, 샛노란 A4 클리어 파일. 언제 들어왔나 싶어 날짜를 확인해보니 벌써 반년이 넘은 물건이다. 주인을 찾아주고 싶은 마음에 첫 장을 넘겼다. 가사와 음표가 가득한 노래 악보였다. 도대체 얼마나 급했기에 이 소중한 악보를 두고 간 걸까. 그 순간, 30년 전의 내 모습이 불쑥 떠올랐다. 그날, 나도 매우 다급했고, 참 많이 당황했었다.

대학교 1학년, 공갈빵처럼 가운데가 뻥 뚫린 공강 시간이었다. 눈이 부신 대낮. 그 시절, 미팅과 소개팅, 동문회 할 것 없이 온갖 모임의 종착지는 노래방이었다. 바야흐로 노래방의 전성시대.

당시 내게는 노는 코드가 잘 맞는 친구가 있었다. 친구들은 우리를 '국문과의 바니걸스'라 불렀다. 공강 시간에는 노래방이지! 당연하지. 다음 미팅에 나가 부를 대외용 노래를 연습하려 했을까. 솔로의 외로움을 노래 가사로 대리만족하려 했을까. 대낮에 여자 둘이 노래방에 가야 할 이유는 차고 넘쳤다.

내 친구의 18번은 최연제의 〈너의 마음을 내게 준다면〉이었다. 어떤 음에서도 흔들리지 않는 편안함. 그녀가 노래를 부를 때면 어떤 남자라도 마음을 줄 것만 같았다. 반면 나는 고음에서 삑사리가 나고 2절만 되면 박자를 놓치는, 한마디로 '노래방 열등생'이었다. 결정적으로 강수지 스타일도 아니면서 하늘거리는 노래만 고집했으니, 실력도 전략도 부재했다.

그날따라 유독 서비스 시간이 길었다. 마지막 일 분이다 싶으면 십 분을 더 주고, 정말 끝이겠지 싶으면 다시 십 분을 더 넣어줬다. 그렇게 한 시간 반을 내리 불렀다. 이러다 수업에 늦겠다 싶어 조마조마했다. 다음 시간은 전공인 '현대시 개론' 수업이었다. 우리는 어영부영 가방을 메고, 늘 옆구리에 끼고 다니던 '현대시 개론' A4 클리어 파일을 챙겨 부랴부랴 노래방을 나섰다.

우리는 간신히 강의실에 도착했다. 다행히 뒤쪽에

자리가 남아 있어 나란히 앉을 수 있었다. 드디어 수업이 시작되자, 나는 경건한 마음으로 교재와 노트, 유인물이 담긴 A4 클리어 파일을 펼쳤다.

꺅! 이게 뭐지? 001 가거라 삼팔선아, 002 가는 세월…… 그리고 그 아래 아래에는 〈가로수 그늘 아래서면〉.

'어어어, 윙? 우에엥.' 순간 머릿속에서 외계어가 폭발했다. 수업에 늦을까봐 황급히 짐을 챙기다 노래방에 있던 클리어 파일을 들고 나온 것이다. 색깔도, 크기도 내 것과 똑같았다. 교수님의 시 강의가 제대로 들릴 리 없었다. 뒷자리라 들키지는 않았지만, 온갖 상상이 머리를 헤집었다. '노래방에 가서 뭐라고 말하고 바꿔오지?' '뒤에 온 손님이 내 파일을 열어봤으면 어쩌나.' 노래 제목 대신, 정지용과 백석의 시가 촤르르 펼쳐지는 장면을 상상하니 정신이 아찔했다.

그렇게 나의 백석은 흰 당나귀를 타고 나타샤와 산골로 달리다, 그만 축축한 지하 노래방으로 굴러떨어지고 말았다. 나 역시 수업이 끝나자마자 노래방으로 달려갔다. 다행히 걱정과는 달리, 사건은 '어리바리한 여학생의 귀여운 실수'로 잘 마무리되었다. 그후로도 여전히 노래방은 갔지만, 늘지 않는 노래 실력 탓에 나의 매력을 뽐내긴 어려웠다. 차라리 그때 노래방 클리어 파일을 그냥 가졌더라면, 누군가 선곡 번호를 못 찾아 헤맬 때 삼 초 안에 번호를 눌러주는 재주라도 하나 챙기지 않았을까.

세월이 흘러도 클리어 파일만 보면 그날의 내가 떠오른다. 이 샛노란 파일의 주인도, 어쩌면 나처럼 당황스러운 실수가 빚어낸, 웃음 나는 청춘의 한 페이지를 간직하고 있을지 모른다. 나는 누군가 잃어버린 물건이 아니라, 내가 잃어버렸던 추억 하나를 되찾은 기분으로 분실물 보관함의 문을 닫았다.

그날, 우리는 소설의 주인공이었다

"여보, 산책이나 하고 올래?"
"지금?"
남편은 소파에 널브러진 나를 굳이 깨워 산책을 가자고 졸랐다. 느적거리던 몸을 일으켜 대충 옷을 걸치고 남편을 따라나섰다. 빈 옥수숫대만 남은 밭길을 걸었다. 군데군데 아직 따지 않은 옥수수가 보였다.
"저 옥수수는 왜 아직 안 땄지?"
"그거, 알이 제대로 안 찬 거야."
"서리할까?"
"야, 그거 그냥 줘도 못 먹어."

말라비틀어져 털만 삐쭉 남은 옥수수가 참 안쓰럽다고 생각하며 오이밭과 호박밭을 지났다. 호박 넝쿨과 오이 넝쿨이 뒤엉켜 당최 구별되지 않았다. 나는 그것이 두 넝쿨의 세기의 대결처럼 느껴졌다. 그런데 호박잎이 더 넓고 무성해서인지, 호박 넝쿨의 기세가 더 세 보였다.

"와, 호박이 오이를 이겼나보네."

"당연하지. 호박이 '대박'의 '박'이니까, 호박이 이기지."

우리 아재 남편. 유치원생도 기가 찰 개그를 하는데, 이상하게 그 모습이 미워 보이지 않았다. 하마터면 웃어줄 뻔했다. 그럴 때 보면 산만한 아저씨의 몸 안에, 빼빼 마른 소년 하나가 여전히 살고 있는 것 같았다.

새말 약수터 고개를 넘기도 전에, 비가 한두 방울씩 떨어지기 시작하더니 금세 굵어졌다. 일단 참나무 아래로 비를 피했지만, 굵은 빗방울은 이내 폭포처럼 쏟아졌다. 속수무책이었다.

"뛰자!"

남편은 금세 그칠 비가 아니라며, 이럴 땐 뛰는 게

상책이라고 했다. 그런데, 혼자 뛴다. 의리도 더럽게 없다. 영화에서처럼 셔츠라도 벗어 내 머리 위에 씌워 줘야 하는 것 아닌가? '그래? 넌 뛰어라, 난 걷는다.' 남편에 대한 강한 반발심으로 나는 보란 듯이 그냥 걸었다.

"빨리 와! 편의점 가서 우산이나 사자!"

남편이 뛰라고 보챈다. 우산을 사자고 한다. 어쩌면 그게 가장 이성적인 판단일지 모른다. 뛰면서 생각했다. 우산은 한 개를 사야 하나, 두 개를 사야 하나. 집에 쌓여 있는 편의점 우산들을 생각하면 한 개만 사는 게 맞았다. 하지만 우산 한 개를 둘이 어떻게 쓴담. 비에 젖은 우리의 몸에서 서로에게 좋은 향기가 날 리 없지 않은가. 그래, 무조건 두 개다. 이렇게 조금 떨어져 있는 게 더 애틋한 나이가 되었다.

편의점에 들어갔다. 내가 우산은 두 개 사자고 말하려는 순간, 남편이 먼저 우산 두 개를 집어들었다. 이심전심이었다. 그런데 순간, 은근히 서운한 마음이 들었다. 우산 하나를 나눠 쓰고 어깨를 부딪히는 낭만 대신, 각자의 공간을 보장하는 합리성을 택한 그가 내 남편이라 다행이면서도, 한편으로는 그 남자가 내 남편이라 서글펐다.

각자 우산을 쓰고 집으로 가는 언덕을 올랐다. 산에서 내려온 빗물이 온통 흙탕물을 이루고 있었다. 저 물줄기를 맞았다가는 운동화가 흙범벅이 될 판이었다. 이럴 땐 남편 등에 업혀야 하는데. 순간, 나를 업다 허리를 삐끗할 남편의 모습이 그려졌다. 허리디스크라도 터지면 남편도 고생, 나도 개고생. 그냥 조금 멀리 돌아가기로 했다.

집 앞에 당도하자, 그제야 비가 그쳤다. 하늘은 여전히 채도 낮은 회색빛이었다. 신발과 양말을 현관 밖에 벗어두고 몸만 들어왔다. 홀딱 젖은 몸이 오래 불린 흰쌀처럼 부풀어오른 기분이었다. 누군가 나를 으깨면 그대로 으깨질 것만 같았다. 현관에 들어서자마자 수건으로 몸을 벅벅 닦았다.

그날, 소나기를 흠뻑 맞으며 나는 확인했다. 더이상 우리 안에는 교과서 속 소년 소녀가 살지 않는다는 것을. 만약 남편이 내 무릎의 생채기를 입술로 쪽쪽 빨아준다면, 생각만 해도 등짝 스매싱감이다. 소설 속 소년은 대체 어떻게 그런 엉큼한 짓을 했을까. 나 역시 분홍 스웨터에 남색 치마는 어울리지 않는다. 청순은커녕 가련함도 없다. 내 볼우물이 푹 팬 건 소녀의 보조개가 아니라 세월이 새겨놓은 주름일 뿐. 요즘은 한 끼만 굶어도 얼굴살부터 정직하게 빠진다.

"쉬는 날 이게 뭔 날벼락이야. 당신 때문에 괜히 비만 맞았잖아!"

내가 퉁명스럽게 쏘아붙이자 그가 가볍게 웃으며 말했다.

"난 좋은데? 오늘 우리 황순원의 「소나기」 한 편 찍은 거 같지 않아?"

정말 어이가 없다. 저 잔망스러운 입을 젖은 수건으로 확 틀어막고 싶었다. 빨래 바구니에는 우리가 벗어놓은, 조금도 로맨틱하지 않은 빨랫감만 가득했다.

다행히 나는 다음날 감기에 걸리지 않았다. 한편으로는 소녀처럼 연약하지 않아서 다행이라고 생각했다. 도서관에 출근해서 황순원의 「소나기」를 다시 읽었다. 교과서에서 읽었을 땐 소설 속 소녀가 되고 싶었다. 분홍 스웨터를 입고, 산골 소년의 등에도 업혀보고 싶었다. 분명 그 시절의 남편도 단발머리 소녀를 만나고 싶었을 것이다.

그런데 이상하다. 남편과 소나기를 맞은 이후, 내 마음 한구석에 채 마르지 않은 일 초가 존재하는 걸 느낀다. 자꾸만 웃음이 나온다. 우리가 함께 맞았던 그 소란스러운 한 시간 중 단 일 초쯤은, 어떤 소년이 나를 다시 소녀로 만들어준 것은 아니었을까. 아무튼, 주책이다.

5부

꿈의 서가

도서관의 낮×부부의 밤

글쓰기 휴지기를 끝낸 건 지난해 6월이었다. 평일 오전, 문헌정보실 데스크에 앉아 있는데 창밖의 햇살이 800번대 서가를 비추고 있었다. 그야말로 서광(書光). '눈이 부시게'가 아니라 '책이 부시게' 빛나는 풍경이었다. 한때 저 서가의 수많은 책 중 한 권이 되고 싶었던 내 오랜 꿈이 울렁거렸다. '쓰지 마 섬'에 홀로 갇혀 있던 외로운 글쓰기의 감정들이, 닫혔던 혈관을 뚫고 흐르는 피처럼 뜨겁게 분출했다. 드디어 휴화산은 활화산이 되었다.

'팍! 팍팍 팍팍.'

나는 내 노트북 키보드를 두드리는 소리에 취해 글을 썼다. 이상하게 그 소리가 참 좋았다. 문장이 완성되는 순간, 그것이 내 생각의 끝인지 손가락의 시작인지 모를 오묘한 경계가 좋았다. 나는 아무에게도 말하지 않고, '브런치'라는 글쓰기 플랫폼에 글을 발행하기 시작했다. 신상에 변화가 생기면 가장 먼저 알렸던 남편에게조차 숨겼다.

매일 밤, 나는 수상한 아내가 되기로 했다.

남편으로선 꽤 이상했을 것이다. 평소 밤 열한시면 지구가 멸망해도 모를 정도로 곯아떨어지던 아내가, 화장도 지우지 않은 채 자정이 넘도록 말똥말똥하다니. 게다가 카톡을 하는 건지, 오른쪽 집게손가락으로 스마트폰을 끊임없이 두드리고, '띠리링' 알림이라도 울리면 잽싸게 확인한 뒤 잇몸 만개 미소까지 지으니 뭔가에 단단히 빠져 있다고 생각할 만했다.

그렇게 남편의 의심이 정점에 달하려는 순간, 내가 먼저 고백했다. 오랜만에 내게 찾아온 설레는 감정, 이 주체할 수 없는 도파민의 정체에 대해.

"여보, 나 사실 글 써."

"그래? 어디다?"

"당신, 브런치라고 알아?"

"알지."

"한번 읽어볼래?"

남편에게 '브런치' 링크를 보냈다.

"어때?"

"오, 재밌네! 열심히 써봐."

"그래서 말인데, 당분간 집안일을 좀 소홀히 할 것 같아."

"괜찮아. 어차피 열심히 안 했잖아."

아내로서의 자존감은 잠시 무너졌으나, 쿨한 남편이 고마웠다. 이걸로 나의 '폭탄 고백'은 끝나는 줄 알았다. 그런데 남편도 고백할 게 있다고 했다. '뭐지?' 밤마다 미국 주식을 하는 것 같던데 혹시 빚투? 회사가 어렵다더니 안 좋은 소식? 온갖 상상이 스쳤다.

"사실 나도, 블로그에 글 쓰고 있었어."

처음 듣는 이야기. 나에게는 그야말로 폭탄 발언이었다. 남편이 나 몰래 글을 쓰고 있을 줄은 상상도 못 했기 때문이다. 남편이 링크를 보내줬다. 어머나 세상에, 시작한 지 1년도 넘었다. 남편의 하루는 언제나 바빴다. 매일 아침 산책, 원거리 통근, 딸 픽업, 운동, 주식, 저녁 독서…… 그 바쁜 와중에 글까지 썼다고? 이토록 엉큼한 구석이 있는 남자인 줄 몰랐다. 아니, 어쩌면 내가 그동안 남편의 세상을 너무 몰랐던, 곰 같은 아내였던 게 분명하다.

남편의 글은 소박했다. 이웃집 검둥개, 산책길의 감자꽃, 갱년기 아내와 사춘기 딸의 대결까지, 우리 가족의 지난 1년이 고스란히 담겨 있었다.

"글 어때?"

남편이 물었다.

"순수하네."

나는 짧게 평했다.

재미없다는 말을 돌려 한, 엉큼한 죄에 대한 소심한 복수였다. 도대체 이 많은 글을 언제 썼냐고 물으니, 짧은 글은 주로 화장실에서 썼다고 했다. 남편이 화장실에서 한 일을 내가 알 턱이 있나. 어쨌든 서로의 비밀을 고백하니 시원했다. 각자의 딴짓을 한 번은 용서하기로 했다. 그리고 기왕 이렇게 된 거, 서로의 글쓰기를 열렬히 응원하기로 했다.

"나는 말이지, 몰아치듯 열정적으로 쓰는 게 좋더라."
"당신은 너무 천천히 끓어오르는 게 단점이야."
"여기, 이 부분을 살짝 비틀어봐."
"너무 짧아, 좀더 길게 써봐."

이것이 우리 부부의 새로운 애정 방식이다. 글에 대한 조언을 주저하지 않고, 서로의 아이디어를 보태준다. 서로의 낮을 알 길이 없다. 나는 나대로 도서관의 낮을 보내고, 그는 그 나름의 치열한 낮을 건넌다. 그러나 본격적인 밤이 되면, 비로소 우리 부부의 진짜 세계가 시작된다. 거실 양끝에 앉아 '팍! 팍팍!' 키보드를 두드리는 소리만 요란하다. 서로를 향해 애쓰고, 각자의 글에 애쓰는, 우리 '애쓰는' 중년 부부의 밤은 그렇게 깊어간다.

여전히 우리의 생은 『생의 한가운데』 있다

낡은 책 한 권이 반납되었다. 『생의 한가운데』, 루이제 린저 장편소설, 전혜린 옮김.

겉표지는 너덜너덜했고, 두번째 페이지부터는 오래된 물 자국이 번져 있었다. 이토록 낡았음에도 새책이 쏟아지는 800번대 서가에 여전히 비치된 것은, 이 책이 지닌 명작의 힘 덕분일 것이다. 그리고 이렇게 아주 가끔, 누군가가 이 책을 찾아 대출했기 때문일 것이다.

'반갑다, 친구야.'

나는 낡은 책의 표지를 어루만지며 속으로 외쳤다. 이 책은 30년 전 내 친구가 읽었던 책이자, 내 청춘의 한 페이지를 상징하는 책이기 때문이다. 방금 읽은 책 제목도 가물가물한 판국에 그 옛날 친구가 읽은 책을 기억하는 데는 특별한 사연이 있다. 잠시 생의 시계를, 내 청춘의 한가운데로 돌리려 한다.

이번에도 합격자 명단에 내 이름은 없었다. 원하는 대학에 가기 위해 재수까지 했으나 또 불합격이었다. 이제 남은 건 후기 대학 하나뿐. 다음해부터는 학력고사가 수능으로 바뀐다고 하니, 내게 더이상의 기회는 없어 보였다. 점수를 수십 점 낮춰서라도 무조건 가야만 했다. 그렇게 나는 어떤 후기 대학의 국어국문학과 신입생이 되었다.

나의 첫 수강 과목은 '현대시의 이해'였다. 면접 때 나를 눈여겨보셨던 여자 교수님의 수업이었다. 그날 나는 빨간색 반코트를 입고 있었다. 이 학과에 지원한 이유가 오직 글을 쓰기 위해서라고 정열적으로 말하자, 교수님은 합격하면 보자고 하셨다. 시인이자 평론가였던 교수님은 내가 그토록 가고 싶어하던 대학에 있다, 몇 년 전 우리 대학으로 부임하셨다고 했다. 교수님은 면접 때 빨간 반코트를 입었던 나를 기억하고 계셨다.

첫 과제부터 시쓰기였다. 제출된 시 중 몇 편을 뽑아 소개해주셨다. 당연히 내 시가 뽑힐 줄 알았다. 나는 당시 시(詩)건방을 떨던, 오만방자한 신입생이었으니까. 그러나 교수님이 뽑은 시들은 내 예상을 완전히 빗나갔다. 그중 한 편이 바로 『생의 한가운데』의 주인공 '니나'에게 쓴 시였다.

'저게 시라고? 편지나 독후감 아닌가?' 내가 생각해온 '좋은 시'와는 전혀 결이 달랐다. 시는 으레 아름다운 수사로 가득 채워야 한다고 믿었는데, 교수님이 선택한 친구들의 시는 기성 시인의 작품과는 전혀 다른 울림을 주었다. 나는 그날, 처음으로 내 또래의 참신한 시 세계를 배우는 귀한 경험을 했다.

그렇게 조용히 1학기를 마치고 여름방학을 맞았다. 나른한 오후, 집으로 한 통의 전화가 걸려왔다. 수화기 너머에서 들려온 목소리는, '현대시의 이해'를 가르쳤던 그 교수님이었다. 교수님이 기말 과제로 제출한 내 시를 눈여겨보셨다며, 본격적으로 시를 한번 써보지 않겠냐고 물으셨다. 전화기를 붙잡은 손이 떨렸다. 상상도 못 한 제안이었다. 글에 대한 나의 막연한 열정은 그날, '졸업 전 등단'이라는 단단하고 또렷한 꿈이 되었다.

2학기가 되자, 교수님은 바로 동인(同人)을 만드셨다. 멤버는 나와, 『생의 한가운데』의 니나에게 편지를 썼던 '수정', 단둘이었다. 우리는 정기적으로 만나 밥을 먹으며 서로의 시에 관해 이야기를 나누었다. 만날 때마다 교수님은 당신의 딸처럼 맛있는 음식을 사주셨다. 가을과 겨울을 지나며 동인의 멤버는 점점 늘어갔고, 몇 년 사이에 그 동인에서 신춘문예 당선자가 두 명이나 나왔다. 나 역시 교수님 덕분에 권위 있는 시 전문지로 졸업 전에 등단할 수 있었다.

수정이와는 당연히 가장 친한 친구가 되었다. 그러나 졸업과 동시에 우리는 흩어졌다. 꿈의 방향이 달랐다. 취업 전선으로, 다시 학업으로, 결혼과 출산으로. 우리는 각자의 생 한가운데로 힘껏 뛰어들었다. 가끔 안부를 물었지만, 자주 만날 수는 없었다.

큰 파도가 몇 번 삶을 덮쳤고, 나는 가까스로 그 파도 속에서 살아남았다. 글도, 꿈도, 친구도 모두 잊어야만 버틸 수 있는 시간이었다. 그리고 제법 오랜 세월이 흘러갔다. 졸업한 지 25년이 되던 해, 우리는 다시 글을 쓰자며 만났다. 신기하게도 쓸 말이 많았다. 그때는 시였지만, 지금은 장르를 가리지 않았다. 그때는 무언가 '되기 위해' 썼다면, 지금은 그냥 글이 좋아서 쓰는 사람이 되었다.

누군가 반납한 이 책은 내 오랜 친구이자, 나의 낡은 꿈이었다. 그날 나는 『생의 한가운데』를 북카트에 놓지 않고, 내 이름으로 대출했다. 고백하건대, 한 번도 완독하지 못한 책이었다.

스무 살의 내가 이해하기에 니나의 생은 너무나 복잡하고 뜨거웠다. 읽고 싶었으나, 끝내 읽히지 않던 책. 하지만 이제는 다시 읽을 수 있으리라. 여전히 우리는, 생이 끝나는 그날까지도, 저마다의 생 한가운데를 헤매고 있을 테니까.

"우리는 생 가운데를 방랑해 다니고 있어. 마치 집시처럼. 애들이 있는데도 나는 아무 데도 속해 있지 않아…… 그렇게 해서 나는 또다시 불안정 속에 혼자 있게 되는 거야. 내 생에는 뚜렷한 선이라고는 하나도 없어."
_『생의 한가운데』, '니나의 말'에서

한때 무용했던 것들에 대하여

도서관 서쪽 창으로 빛이 강하게 스며들 무렵, 친구에게서 카톡이 왔다. 유튜브 영상 링크였다.

"친구들아, 새로운 것에 도전해봤어. 진심으로 내가 좋아서 만든 유튜브야. 즐길 만큼 즐겨보려고. 구독 고마워."

일요일 오후는 도서관이 가장 바쁜 시간이라, 시청은 퇴근 후로 미뤘다. 일단 구독부터 눌렀다. 퇴근길, 차에 오르자마자 친구의 채널을 클릭했다. '쓰고 읽고 말하다'를 줄인 '쓰일말'. 자작 구연 에세이 채널이었다. '오호, 언제 이런 걸 다 만들었지?' 놀라움과 함께 친구의 또랑또랑한 목소리가 흘러나왔다.

내 친구가 이렇게 낭독을 잘했던가. 낭랑하고 또렷한 목소리가 거의 아나운서급이었다. 그러고 보니 친구의 오랜 꿈은 아나운서였다. 대학교 4학년 무렵, 호주 어학연수까지 다녀온 뒤 본격적으로 아나운서 시험을 준비했던 기억이 떠올랐다.

당시 친구는 휴학했고 나도 취업 준비로 바빠 자세한 과정은 모르지만, 그 꿈을 위해 수백, 수천 번의 말하기 훈련이 있었으리라. 그중에는 분명 낭독도 포함됐을 것이다. 지금 그녀의 목소리는 세월의 감정까지 머금어 한결 더 따뜻하고 여유로웠다. 비록 친구는 아나운서가 되지 못했지만, 그 꿈을 향한 한때의 열정은 결코 무용하지 않았다. 그 시절의 간절함이 지금, 유튜브라는 또다른 무대에서 마침내 빛나고 있었다.

6년 전, 나는 도서관 일자리로 인생 제2막을 시작했다. 17년 만에 자기소개서와 이력서를 다시 썼다. 삼십대 초반까지는 컴퓨터 어딘가에 이력서를 항상 저장해두었지만, 이후 한 회사에 오랫동안 몸담다보니 이력서 쓸 일이 없었다. 한창 왕성하게 일할 때는 이직 제안이 들어오면 이력서를 건너뛰고 식사 약속부터 잡던 시절이었다.

하지만 오십을 앞둔 중년의 재취업은 전쟁과도 같았다. 취업의 문턱은 에베레스트처럼 높았다. 청년도 힘든데 중년은 말할 것도 없었다. 구직 사이트를 보면 육체노동 일자리는 있었지만, 그동안 해왔던 경력을 이어가기엔 나이가 너무 많았다. 실업급여를 받기 위해서라도 이력서를 넣어야 했고, 그러다 눈에 들어온 것이 공공기관의 공무직 채용이었다. 정년이 60세였기에, 나이 제한이 없다는 점이 유일한 희망이었다.

문제는 서류였다. 자기소개서, 이력서, 각종 인증 서류, 운전면허증 사본, 주민등록등본, 컴퓨터활용능력 자격증 등 사기업에서는 별 의미 없다고 여겼던 것들이 공공기관에서는 점수로 환산되었다. '이럴 줄 알았으면 미리미리 준비해둘걸.' 뒤늦은 후회가 밀려왔다.

무엇보다 자기소개서를 다시 쓰는 일이 가장 막막했다. 이십대 때 쓴 자소서의 무기는 패기였다. 세상을 두드려 패겠다는 날것의 열정. 하지만 사십대의 패기는 선착순 접수나 타임딜로 한정판 물건을 살 때만 남아 있었다. 22년 동안의 경력은 존중받는 자산이 아니라, 폐기하고 싶은 무거운 짐처럼 느껴졌다.

'뭘 써야 하지?'

자기소개서 첫 줄부터 가로막혔다. 그때 문득, 입시 교육 회사 홍보팀 시절 매년 작성했던 '자기소개서 잘 쓰는 법' 보도자료가 떠올랐다. 그중 이런 문장이 있었다. '자신의 가장 매력적인 항목을 찾아 솔직하고 담백하게 기술하라.'

내 매력은 무엇일까, 생각했다. 어떤 조직이든 잘 녹아드는 것이 장점이라면 장점이었다. '잘 풀어지는 카레'처럼 간결하고 명확한 스토리 라인을 구성했다. 한 편의 유쾌한 자서전처럼 써 내려갔다. 인사팀 직원이 진짜로 읽을지 모르겠지만, '이 아줌마, 뭐지?' 하는 인상이라도 남기고 싶었다.

서류 전형에 합격했다. 다음은 면접. 도서관 관련 분야는 처음이라 어떤 질문이 나올지 가늠조차 되지 않았다. 면접장에는 면접관 세 명, 지원자 다섯 명이 앉아 있었다. 입장 직전, 예전에 썼던 '면접 요령' 보도자료가 머릿속에서 자동 재생되었다. 차분하게 인사하고, 무릎 위에 손을 얹고, 면접관과 눈을 맞추며 웃었다. 질문을 받으면 일이 초 멈췄다가 답하고, 모르면 정중히 다시 물었다.

마지막 질문은 '공직자의 자세'였다. 미처 준비 못한 질문에 답변이 아쉬웠다. 그때, 면접관이 물었다.

"마지막으로 하고 싶은 말이 있나요?"

순간 내가 썼던 보도자료의 마지막 문장이 섬광처럼 뇌리를 스쳤다. '추가 답변 기회를 놓치지 마라.' 나는 용기를 내어 손을 들었다. 미흡했던 답변을 보충하고 싶다고 정중히 말했다. 잠시 정적이 흘렀고, 기회가 주어졌다.

"공직자의 자세는 청렴함이라 생각합니다. 스스로 부끄럽지 않은 삶의 태도이며……"

결과는 합격이었다.

중년에 재취업을 준비하며, 나는 22년간의 경력이 무용하다고 느꼈다. 너무 길고 버겁다고만 생각했다. 하지만 17년 전 내가 작성했던 보도자료 속 한 문장이, 벼랑 끝에 선 내 손을 잡아주었다. 잠자고 있던 수천 개의 글자가 벌떡 일어나, 나를 세상 밖으로 다시 밀어내주었다.

첫아이를 임신했을 때, 주말마다 문화센터에서 라마즈 호흡법 수업을 들었다.

"하나, 둘, 셋…… 후우."

숨을 들이마시고 내쉬는 단순한 리듬에 온 신경을 집중했다. 출산의 고통을 줄이기 위해서였다. 하지만 정작 출산은 제왕절개를 해야 했고, 라마즈 호흡은 써 보지도 못한 채 잊혔다.

그런데 작년 봄, 필라테스를 배우며 낯익은 호흡을 다시 만났다. 코로 들이마시고 입으로 내쉬며 몸과 마음을 다스리는, 그 간절했던 깊은 호흡. 리듬과 방법은 달랐지만, 그 시절의 라마즈 호흡은 새로운 호흡으로 변주되어 내 몸 안에서 다시 살아났다.

농담 한마디로 좌중을 웃기던 친구는 드라마 작가가 되었다. 친구의 드라마를 볼 때면, 그녀의 찰진 말맛이 대사마다 살아 숨 쉰다. 농담 한마디조차 무용하지 않았다. 우리의 지난 시간들은 그렇게 사라지거나 흩어지는 것이 아니라, 차곡차곡 쌓여 쓸모 있는 중년의 삶을 단단하게 빚어내고 있었다.

검은 나비의 마지막 비행

 퇴근길이었다. 폭설이나 폭우만 아니라면, 이 작은 도시의 퇴근길은 언제나 평화로웠다. 도서관의 일처럼 작고 단조롭지만, 예측할 수 있는 평온함이 좋았다. 초등학교 앞 30킬로미터 저속 구간을 지나고, 작은 숲길을 거쳐, 육차선 사거리의 정체 구간만 통과하면 더는 막히는 곳이 없었다. 두 군데의 과속 단속 구간마저 이제는 익숙한 미래가 되었다.

 그날도 마찬가지였다. 늘 그렇듯 육차선 사거리에서 좌회전 신호를 기다리고 있을 때였다. 저공비행하던 검은 나비 한 마리가 차들 사이를 비틀거리며 날아들었다. '어? 어어' 하는 순간, 나비는 정차된 앞차에 부딪혀 튕겨나가더니, 중앙선을 넘어 반대편 도로 위에 털썩, 떨어졌다. 다행히 건널목은 초록불. 모든 차가 숨을 죽이고 정지했다. 죽었을까, 살았을까. 걱정이 앞섰다.

그 순간, 나비의 날개가 한 번, 아주 미약하게 떨렸다. 다시, 한쪽 날개가 힘겹게 너울거렸다. 그리고 몇 번 더 풀썩거리다, 결국 두 날개가 천천히 늘어졌다.

마음이 심하게 흔들렸다. 내가 기다리는 좌회전 신호는 얼마나 남았을까. 아직 보행자 신호가 점멸등으로 바뀌지 않았으니 삼십 초는 족히 남았다. 그렇다면 나는 정의의 사도가 될 수 있을까. 주저 없이 안전띠를 풀고 차 밖으로 뛰쳐나가, 검은 나비를 일으켜 안고 돌아올 수 있을까. 살아 있다면 자연으로 돌려보내고, 죽었다면 그 존재를 돌보는 마지막 손길이 되어줄 수 있을까.

하지만 내게는 그럴 용기가 없었다. 만약 실행에 옮긴다 해도, 세상은 중앙선을 넘어 나비를 구한 중년의 여인을 어떻게 바라볼 것인가. 사람들은 나를 공포와 흥분에 미친 이상한 여자로 보겠지. 최악의 경우, 퇴근길 교통을 마비시키는 괴짜로 낙인찍혀, 출처 불명의 사진으로 인터넷을 떠돌지도 모른다.

삼 초, 오 초, 십 초. 짧은 순간이었지만, 내 상상 속에서 펼쳐진 시간은 단막극 한 편과도 같았다. 결심이 섰다. 나는 중앙선을 넘는 용기 대신, 그 순간을 기록하는 쪽을 택했다. 어쩌면 그것이 내가 할 수 있는 최선의 애도이자, 유일한 저항이었을지 모른다. 스마트폰 카메라를 열고, 찰칵! 셔터 소리가 나비의 마지막 숨소리처럼 들렸다. 곧 신호가 바뀌었다. 차량 두 대가 지나가자, 도로 위 나비는 흔적도 없이 사라졌다.

어느 차바퀴에 붙어 수천 번의 곡예를 하고 있는 건 아닐까. 그런 잔인한 상상을 하던 찰나, 내 좌회전 신호도 켜졌다. 차량 시계를 보니 '오후 여섯시 십오분.' 나는 그 시간을, 지워지지 않는 청구기호처럼 마음에 새겨두었다.

며칠 전, 논술 강사인 여동생이 내게 불쑥 물었다.

"언니, 인생을 1년으로 친다면, 언니는 지금 몇월 며칠쯤을 살고 있어?"

"글쎄, 7월 27일? 아직 한여름 같아. 도서관 일도, 글 쓰는 시간도 너무 좋거든."

나는 농담처럼 즉흥적으로 대답했다. 동생이 말했다.

"난 8월은 지난 것 같아. 곧 가을이 오려나봐. 근데 애들은 너무 귀엽더라."

"뭐래는 거야?"

"초등학교 6학년짜리 제자는 2월 14일이래. 아직 진짜 봄도 오지 않았대."

"좋겠다. 봄도 오지 않은 인생이라니."

동생은 아이들과 죽음에 관한 이야기도 나눴다고 했다. 사고처럼 갑자기 찾아온 죽음은, 누군가의 5월 23일을 하루아침에 12월 31일로 만들어버릴 수도 있다고. 그러니 우리는 매일 즐겁고 의미 있게 살아야 한다고. 초등학생 제자들도 그 말에 깊이 공감했다고 했다.

솔직히 얼떨결에 '7월 27일'이라 답했지만, 내 마음의 계절은 매일 흔들린다. 어떤 날은 꿈으로 가득한 봄의 청춘이었다가, 또 어떤 날은 '다 해봤는데 안 돼. 이제 그만 포기해'라고 속삭이는 초겨울의 노인이 되기도 한다. 이러다 예고 없이 인생의 12월 31일을 맞는다면, 얼마나 많은 후회를 떠안게 될까. 동생이 던진 질문이 오랫동안 머릿속을 떠나지 않았다.

한 달에 한 번, 신착 도서가 들어온다. 7월의 신간 목록 중, 『나이 들 용기』라는 제목이 눈에 들어왔다. 『미움받을 용기』의 저자 기시미 이치로의 책이었다. 제목만으로도 인생 후반전을 살아가는 이들에게 묘한 비장함을 안겨주는 책. 나는 신착 서가에 비치되자마자 대출해서 읽었다. 그중 가장 인상 깊었던 구절은 인생을 마라톤이 아닌 춤에 비유한 것이었다.

"인생은 마라톤이 아니라 춤이다."

저자의 메시지는 간명했다. 인생은 목표를 향해 달려야만 의미가 생기는 것이 아니라, 춤처럼 매 순간이 이미 완전하며 그 자체로 빛난다는 것이다. '이루어가는 과정'이 곧 '이룬 것'이 되는 움직임, 이것이 바로 아리스토텔레스가 말한 '에네르게이아(Energeia)'다. 살아 있는 '지금, 여기'의 모든 움직임이 그 자체로 '완성된 에네르게이아'라고, 책은 내게 속삭이고 있었다.

우리는 종종 '완성된 순간'만을 가치 있게 여기며, 그곳에 도달해야만 의미가 있다고 믿는다. 하지만 사실은, 이뤄가는 과정 속의 모든 '움직임'이 바로 인생이고, 그것 자체가 이미 빛나고 있다는 것이다.

책을 덮는 순간, 검은 나비의 죽음과 동생이 던진 인생의 날짜가 하나의 풍경으로 겹쳐졌다. 조금 부족해도 좋다. 어설퍼도 괜찮다. 스텝이 좀 꼬여도 된다. 칼군무가 아니어도 된다. 춤추고 있는 그 순간, 그때의 움직임에 최선을 다하며 즐겁게 살아가리라. 그래야 어느 날 예고 없이 12월 31일이 찾아왔을 때, 조금은 덜 억울할 테니까. 나이들 용기가 생기는 순간이었다.

나는 검은 나비의 마지막을 더이상 불행이라 생각하지 않기로 했다. 어쩌면 그때가, 나비의 생에서 가장 찬란한 순간이었을지 모른다. 반대편 차선을 향해 위태롭게 날갯짓하던 그때, 도전과 환희가 마침내 한 몸이 된 찰나. 그것이 바로 나비의 '에네르게이아', 한 존재가 가장 완전하게 자신을 드러내던 순간이 아니었을까.

가을 서정과 통증 사이

 가을이 되자 두통이 잦아졌다. 고요한 곳에서는 통증이 더 선명해지는 걸까. 유독 고요한 도서관에서 일할 때면 통증이 깊어졌다. 원인을 알 수 없었다. 우선 통증의 발원지를 찾는 것이 시급했다.

 통증의 경로는 매번 비슷했다. 양쪽 송곳니 뿌리 끝, 좌우 45도, 1센티미터 위에서 시작한 통증은 3센티미터를 직진하다가, 돌연 경로를 바꿔 안구 뒤쪽으로 깊숙이 숨어들었다. 적의 급소를 겨냥하듯, 통증은 가장 오래 머물 수 있는 곳에서 멈췄다. 좌우 눈꼬리 1.5센티미터 지점의 관자놀이가 최종 목적지였다. 종착지는 머리였지만 발원지가 잇몸 부근이었기에, 나는 그 통증을 '치통'이라 부르기로 했다. 그나마 다행인 것은 양쪽이 한꺼번에 아우성치지는 않는다는 것이었다.

이번 가을 여행의 시작점은 영월이었다. 우연히 알게 된 판운리 섶다리를 보러 갔다. 섶다리는 물에 강한 물푸레나무의 Y자 가지를 거꾸로 세우고, 그 위에 굵은 소나무와 참나무를 얹어 만드는 임시 다리다. 늦가을에 만들어 이듬해 장마가 오기 전에 거둔다고 했다. 초가을에 방문해 섶다리를 건널 수 있었던 것은 순전히 행운이었다.

장난치듯 발을 굴러보니 다리 전체가 아슬아슬하게 흔들렸다. 누군가의 장난으로도 삶 전체가 흔들릴 수 있겠다는 무서운 생각이 들었다. 다리를 다 건넌 후에야 섶다리의 뼈대를 자세히 보았다. 물푸레나무의 Y자 가지를 거꾸로 세운 모습. 그 모습이 꼭 치아 뿌리를 닮았다고 생각했다. 순간, 강물의 유속이 내 잇몸 깊숙이 번지는 통증의 파장과 닮아 있었다. 흔들리는 다리는 위태로운 내 이 같았고, 그것을 굳건히 붙잡은 강바

닥은 안간힘을 쓰는 잇몸처럼 느껴졌다. 판운리를 지나자 비가 내렸다. 반쯤 접힌 우산 모양의 목백합나무가 비에 흠뻑 젖어 있었다.

치과를 찾았다. 나는 이유 모를 치통에 대해, 의사가 묻지도 않은 말까지 쏟아냈다. 마치 와인과 치통의 상관관계를 연구한 사람처럼, 레드 와인을 마신 후에는 괜찮은데 화이트 와인을 마시면 통증이 생긴다고 했다. 화이트 와인에 치통 유발 물질이라도 들어 있다는 답을 기대했는지 모른다. 하지만 젊은 의사는 너그럽게 웃으며, 그럼 레드 와인만 드시라고 권했다.

의외로 잇몸은 건강했다. 이 지긋지긋한 통증의 원인은 치통이 아니었다. 다만 엑스레이상 턱관절이 좋지 않으니, 턱에서 시작된 통증을 치통으로 착각할 수도 있다고 했다. 생각지도 못했던 오른쪽 두번째 어금니에서는 깨진 보철물이 발견됐다. 두통의 원인이 치통이 아닌 것이 다행인지 불행인지 아리송한 상태로, 나는 새로운 보철물 비용 27만 원을 결제했다.

가을 두번째 여행지는 국립수목원이었다. 이번엔 위쪽으로 방향을 틀었다. 어제는 제법 쌀쌀했다는 동생의 말과 달리, 오늘은 더없이 따사로웠다. 한때 아픈 경험을 한 뒤로, 나는 운의 기운을 믿는 운명론자가 되었다.

전나무숲길을 걷다 굵은 가지가 무참히 잘린 나무 한 그루를 보았다. 상처는 아물었으나 염증으로 뭉개진 자리에는 더이상 새 가지가 자라지 않았다. 내가 보고 있는 상처 입은 나무를, 앞머리를 한껏 세운 중년의 여자도 함께 보고 있었다. 문득, 그 여인의 모습에서 30년간 곰탕을 끓여 가족을 먹이다 소장암으로 돌아가신 둘째 형님의 젊은 시절을 보았다. 예고 없이 찾아온 그리움은, 정체를 알 수 없던 치통보다 훨씬 더 아리고 시큰거렸다. 형님이 마지막으로 만들어주신 소머리 수육이 먹고 싶었다.

치과 의사와 치위생사의 손놀림은 빠르고 부드러웠다. 임시 보형물을 떼어낸 자리를 보여줬다. 치아 뿌리와 가까워진 그 자리에 바람을 불어넣자, 젊은 의사가 예고했던 대로 시큰한 통증이 덮쳐왔다. 솜에 침이 고여 부풀어올랐고, 약품이 닿자 다시 한번 시큰거렸다. 보철물을 끼우고 온 힘으로 꾹꾹 누르는 것이 느껴졌다. 수많은 고통의 단계를 거쳐, 나의 두번째 어금니가 완성되었다. '고통 예고제' 덕분인지, 그 과정은 생각보다 견딜 만했다.

수목원 출구를 향해 남편과 딸이 걷고 있었다. 남편의 발걸음은 약간 뒤뚱거렸고, 딸은 아빠의 그 걸음을 꼭 닮았다. 그들 뒤편으로, 휠체어를 탄 남자가 카메라를 들고 있었다. 그의 앞에는 세상에서 가장 행복한 표정의 한 여자가 서 있었다. 늦가을 바람이 계수나무 잎을 흔들자, 딸의 말처럼 탕후루 냄새가, 내게는 달고나 냄새가 났다. 이토록 향기로운 시간이 내 생에 몇 번이나 더 찾아올까. 문득 이 가을이 다 가기 전, 마음을 시큰하게 할 책 한 권을 읽고 싶어졌다.

여전히 통증은 사라지지 않았다. 혹시 비염 때문일까? 지난봄 이비인후과 의사는 오래된 책 먼지를 조심하라 했다. 누군가 책을 집어드는 순간, 먼지는 고요한 공간을 박차고 날아오른다. 나는 그 고요 속에서 날아오르는 먼지를 기꺼이 진공청소기처럼 들이마셨을 것이다. 먼지가 정말 통증을 일으켰는지는 여전히 미지수다. 다만 고요할수록 통증은 깊어진다는 것만은 분명했다.

 오늘도 조용한 서가를 돌며, 내 마음을 시큰하게 할 책 한 권을 찾는다. 머리와 마음 사이를 오가는 이 통증처럼, 나도 언젠가 누군가의 머리와 마음 사이를 오가는 깊은 문장을 쓰고 싶다는 생각이 들었다. 오래된 먼지처럼 고요히 날아올라, 한 사람의 마음을 기쁘게 시큰거리게 할 수만 있다면. 나는 치통도, 두통도, 삶의 모든 고통마저 기꺼이 받아들일 수 있을 것 같았다.

작은 도시의 사랑법

한때 나는 대도시의 불빛을 사랑했다. 퇴근길, 검은 한강 위로 연탄 수만 장이 타오르듯 일렁이던 불빛들을 사랑했다. 압구정에서 옥수역으로 향하는 동호철교 위에서, 나는 도시의 그 뜨거운 불빛이 곧 젊은 날의 내 하루라고 믿었다.

서울과 경기도의 경계를 매일 지났다. 불빛의 고도가 서서히 낮아지다 완전히 사라지면, 내가 사는 도시의 역에 도착했다. 낮에는 온통 파밭이었으나 밤에는 맵싸한 흙냄새만이 그곳의 좌표를 알려주었다. 시골의 산모기는 대도시의 모기보다 독해서, 가을이 지나도록 종아리에 남은 모기 자국은 이곳 주민의 붉은 직인(職印) 같았다. 대도시의 간판은 하루가 멀다 하고 바뀌는데, 내가 사는 동네에서는 삼십 분을 걸어야 겨우 20년도 넘은 햄버거 가게 간판 하나가 보였다.

한때 나는 이 작은 도시에 갇혀 사는 것이 답답했다. 기왕이면 오랫동안 대도시의 반쪽 사람이라도 되고 싶었다. 그래서 대도시로 출퇴근하는 고단함마저 행복했다. 하지만 삶은 마음대로 되지 않았다.

사십대 중반, 권고사직을 받았다. 억울하지는 않았다. 내가 육아와 질병으로 몇 번이고 사직을 표할 때마다 따뜻하게 품어준 회사였다. 임원들의 배려는 언제나 진심이었다. 나 역시 둘째를 낳고 자진해서 노트북을 들고 산후조리원에 들어갈 만큼, 나름의 방식으로 회사를 사랑했다.

문제는 전문직도 아닌 중년 여자가 대도시에서 다시 자리를 찾는 일이 불가능에 가깝다는 것이었다. 시들한 연륜보다 빳빳한 열정을 원하는 사회이니 당연했다. 나 역시 하루 세 시간 이상을 길 위에서 버릴 체력이 남아 있지 않았다. 어쩌면 이것은 개인과 사회 모두에게 잘된 일이었는지 모른다. 대도시가 나를 더는 원치 않았고, 나 역시 대도시가 간절하지 않았으니, 서글프지만 공정한 등가교환이 성립되었다.

그러나 작은 도시라고 일자리를 찾는 게 쉬운 일은 아니었다. 몇 번의 시도 끝에, 비록 월급은 적지만 정년이 보장되는 공공도서관에 취업하게 되었다. 더이상 고용불안에 시달리지 않아도 된다는 사실이 나를 안심시켰다. 도서관의 일은 데스크에 앉아 책을 빌려주고 돌려받는 일, 매일 수백 권의 책을 서가에 꽂는 일, 아픈 책을 수선하는 일, 미반납자를 독촉하는 일, 그리고 크고 작은 민원을 받는 일이었다. 어쩌면 사소하고, 누구라도 할 수 있으며, 그저 규정대로만 하면 되는 일들. 중년이 된 나는 그 일을 기꺼이 받아들였다. 그렇게 나는 완전한 작은 도시의 사람이 되었다.

작은 도시의 출퇴근길은 단조로웠다. 배 과수원과 샌드위치 패널 창고, 서너 개의 주유소를 지나면 옛 지명이 붙은 사거리가 나왔다. H빔 뼈대만 앙상한 공사장과 장례식장, 유소년 축구장을 지나면 도서관에 도착한다. 출근하면 책들이 가장 먼저 나를 반긴다. 책

냄새로 가득한 공간의 창문을 열면, 흙냄새와 풀냄새가 그 안으로 밀고 들어온다. 아침에 만나는 책들의 정렬은, 교정을 막 끝낸 둘째 딸의 치아처럼 반듯하고 가지런했다.

신착 도서가 들어오는 날의 설렘도 좋았다. 나무 어선 같은 북카트에 싱싱한 새책들이 가득 실려오는 날이면, 그 표지들이 은빛 비늘처럼 반짝였다. 새책이 들어오면 손이 바빠졌다. 리스트를 확인하고, 분류하고, 포장하고, 비치해야 한다. 하지만 마냥 설렘만 있는 것은 아니었다. 새책이 온다는 것은, 밀려나는 책도 있다는 뜻이니까. 도서관 맨 앞줄에 정렬된 책들의 자리는 길어야 1년. 그중에는 단 한 번도 대출되지 않은 책들도 있었다. 그 책들이 뒤편으로 밀려날 때면, 대도시에서 밀려났던 나의 그때가 생각났다. 하지만 내가 이 작은 도시에 완전히 자리를 잡은 것처럼, 밀려난 책들도 언젠가 자신을 알아봐줄 독자를 만나리라 믿는다.

책에만 쏠렸던 나의 관심은, 어느덧 도서관을 찾는 사람들에게로 번져갔다. 그 풍경은 담장을 타고 오르는 능소화 덩굴처럼 아름다웠다. 유모차를 끌고 책을 빌리러 오는 할머니들, 여든이 넘어서도 매일 시와 시나리오를 쓰며 신춘문예에 도전하는 어르신들. 그분들을 보며 꿈은 나이와 계절에 상관없이 언제나 푸르다는 것을 깨달았다. 정체를 알 수 없는 수험서에 머리를 파묻은 취준생들, 늦은 나이에 자격증 시험에 몰두하는 중년의 남녀들. 이 모든 사람이 작은 도시에서 살아남기 위해, 혹은 언젠가 이 작은 도시를 벗어나기 위해 도서관을 찾는다. 그들의 뜨거운 들숨과 날숨으로 가득 찬 도서관은, 그래서 늘 바깥 온도보다 높다.

나는 요즘 이 작은 도시의 도서관에 관한 글을 쓰고 있다. 글을 쓰기 위해 모으는 감정들과 글을 쓰면서 쌓이는 감정들이, 어쩌면 사랑일 수도 있겠다는 생각이 든다. 아주 사소하고 누구도 궁금해하지 않을 이야기를 쓰면서, 내가 이 작은 도시의 도서관을 얼마나 사랑하는지를 증명하고 있는지도 모르겠다.

대도시의 활활 타오르던 불빛이 생각나지 않은 지 오래되었다. 작은 도시의 불빛은 뜨겁지 않지만, 나는 이 온기 어린 불빛 아래서 진짜 소중한 것들을 발견하며 살아간다. 도서관에 모여드는 사람들을 바라보는 일, 아침마다 창틀에 붙은 날벌레를 조심스레 털어주는 일, 그리고 그 모든 순간을 조용히 기록하는 일. 이제는 그 모든 것이 나의 사랑법이 되었다. 작은 도시를, 그리고 이곳에서의 나를 사랑하는, 나만의 작은 방식이 되었다.

에필로그

우연한 기회가 운명이 되기까지

우연이 운명으로 변하는 기적이, 내게도 찾아왔다.

올해 4월이었다. 친구 소영이가 32년간 간직해온 낡은 교지 한 권을 선물했다. 우리는 고등학교 교지 편집부 동기였다. 빛바랜 책장에서 내가 쓴 포토에세이를 읽었다. 허공을 물고 있는 빨래집게에 대한 글이었다. 과몰입된 소녀의 감성에 손발이 오그라들었다. 얼른 페이지를 넘기니 다른 친구 혜윤이의 글도 보였다. '그래, 나 혼자 오그라들 순 없지.' 곧바로 혜윤이에게 사진을 찍어 보냈다. 친구도 마찬가지였다. 대충 봐도 미칠 것 같다며, 도저히 읽을 수 없는 흑역사라고 했다. 그 순간, 우리는 과거의 소녀도 현재의 중년도 아니었다.

이런저런 안부를 나누다, 나는 은퇴한 여배우처럼 조심스럽게 복귀 소식을 알렸다. 25년 만에 다시 글을 쓰고 있다고. 그러자 친구는 막냇동생이 몇 해 전에 에세이집을 냈다고 했다. 링크를 열어보니, 책 제목이 『갓난 노인』이었다. 작가 문재윤. 친구의 동생은 제1회 경기히든작가 수상자였다. 책을 주문해 단숨에 읽었다. 수상에 그치지 않고 출간의 기회까지 주어지는 이 매력적인 공모전에, 나도 도전해보고 싶어졌다.

희망은 우연의 옷을 입고 내게로 왔다. 며칠 후, 도서관 게시판에 붙은 노란색 포스터가 내 눈을 사로잡았다. 제9회 경기히든작가 모집 공고였다. 순간, 세상이 멈춘 듯했다. 노란색 번개가 심장을 관통하는 기분이었다. 마감이 며칠 남지 않아 서둘러 원고를 투고했다.

결과를 잊고 지냈다면 거짓말이다. 발표일까지 김칫국을 몇 사발이나 들이켰는지 모른다. 혹시라도 놓칠세라, 평소라면 거들떠보지도 않던 070 전화까지 꼬박 꼬박 받았다. 이러다 보이스피싱이라도 당할 기세였다. 그런데 정말, 전화가 왔다. "경기히든작가에 응모하셨죠?" 기다리고 기다리던 당선 전화였다. 불과 석 달 사이에 일어난 일이었다.

당선 후, 혹시 모를 일정에 대비해 관련 기사를 검색하다 북토크 사진을 보게 되었다. 마이크를 쥐고 있는 평론가 한 분. 김성신 출판평론가. 왠지 모르게 기억해 두고 싶은 이름과 얼굴이었다. 그리고 시상식날, 나의 멘토로 김성신 평론가님이 배정되었다는 것을 알게 되었다. 나의 눈과 마음이 소망하는 것들이 정말 다 이루어지는 걸까. 이러다 노트북이 아니라 돗자리를 펴야 하는 건 아닌지, 덜컥 겁이 났다.

평론가의 무게는 1톤쯤 될 줄 알았다. 김성신 평론가님은 달랐다. 유쾌하고 명랑했다. 그의 책『서평가 되는 법』에서도 느꼈지만, 비주류를 향한 따뜻한 시선이 나를 편안하게 했다. 필명과 책의 콘셉트를 정하는 일, 퇴고, 추천사까지 그는 나의 뒤늦은 도전에 끝없는 지지를 보내주셨다. 내 우연과 운명의 여정 끝에는 나의 멘토님이 계셨다. 이 뒤늦은 고백이 무척 부담스러우시겠지만, 꼭 전하고 싶은 이야기다.

온 우주가 작정하고 돕는다 해도, 지독한 노력이 더해져야만 운명의 주인이 될 수 있음을 안다. 그리고 그 지독한 노력이 즐겁지 않으면, 자신에게 독이 될 뿐이라는 것도 모르지 않았다.

오십대에 뒤늦게 글쓰기를 다시 시작했다. 다행인 것은 중년의 글쓰기가 너무도 즐겁다는 사실이다. 글을 쓰는 시간은 행복한 시간 도둑처럼, 내 하루를 몽땅 훔쳐 달아난다. 도서관이 나의 일터가 된 것도 감사하다. 마음만 먹으면 언제든 누군가의 빛나는 문장을 잠시 엿볼 수 있으니. 책 제목만 실컷 보는 것마저 축복이다. 누군가 밤새워 고민했을 그 제목들이, 내게는 전혀 다른 영감으로 떠오르곤 하니까.

첫 에세이집이 나온다고 하니, 고마운 사람들의 얼굴이 밥솥의 김처럼 보글보글 피어오른다. 작가의 가장 내밀한 지면을 빌려, 그 마음들을 전하고 싶다.

먼저, '브런치'의 이웃 작가님들께 감사드린다. 온라인에서 나눈 따뜻한 칭찬과 격려라는 자양분 덕분에 꾸준히 글을 쓸 수 있었다. 도서관 동료들에게도 깊은 고마움을 전한다. 그녀들의 유쾌한 제보와 특별출연이 없었다면, 이토록 시끄럽고 정겨운 도서관 에세이는 완성되지 못했을 것이다.

독서 모임 '와북' 동료들의 응원도 큰 힘이 되었다. 나의 오랜 벗들에게도 감사를 전한다. 세상과 타협하며 글쓰기를 잊었던 내게, '너는 글을 썼던 사람이고, 앞으로도 글을 써야만 하는 사람'이라고 끊임없이 기억시켜주었기에 다시 펜을 들 수 있었다. 우리가 함께 먹었던 도서관 앞 떡볶이의 매콤달콤한 추억 또한, 이번 에세이를 쓰는 내내 훌륭한 양념이 되어주었다.

책이 세상에 나올 수 있도록 길을 열어주신 경기콘텐츠진흥원, 교유당 출판사, 그리고 심사위원분들께도 진심으로 감사드린다. 또한 『삶은 도서관』이 한층 깊어질 수 있도록 자양분이 되어주신 강건모 편집자님, 과분한 추천의 글로 응원해주신 윤고은 소설가님, 장강명 소설가님, 김성신 출판평론가님께도 깊이 감사드린다.

  마지막으로 나의 가족에게 고마움을 전할 차례다. 내가 단단한 삶을 살아낼 수 있었던 건, 그들의 변함없는 사랑과 이해 덕분이었다. 특별히 부모님과 남편, 두 딸에게는 가장 깊은 사랑을 보낸다.

  나의 사소한 우연이 하나의 운명이 되었듯, 지금 이 책을 들고 있는 당신의 스치는 우연도, 언젠가는 가장 빛나는 운명이 되어주기를 진심으로 바란다.

이천이십오년 시월,
어느 인자(仁慈)한 밤에

삶은 도서관
— 책과 사람 사이에서 살아가는 이야기

초판 1쇄 발행 2025년 11월 13일
초판 2쇄 발행 2025년 11월 26일

지은이 인자

편집 강건모 이고호 | 디자인 윤종윤 이주영
마케팅 김다정 박재원 | 저작권 박지영 형소진 주은수 오서영 조경은
브랜딩 함유지 김은솔 박민재 이송이 박다솔 조다현 김하연 이준희 복다은
제작 강신은 김동욱 이순호 | 제작처 한영문화사

펴낸곳 (주)교유당 | 펴낸이 신정민
출판등록 2019년 5월 24일 제406-2019-000052호

주소 10881 경기도 파주시 회동길 210
문의전화 031.955.8891(마케팅) | 031.955.2680(편집) | 031.955.8855(팩스)
전자우편 gyoyudang@munhak.com

홈페이지 www.gyoyudang.com
인스타그램 @thinkgoods | 트위터 @think_paper | 페이스북 @thinkgoods

ISBN 979-11-24128-00-8 03810

* 싱긋은 (주)교유당의 교양 브랜드입니다.
  이 책의 판권은 지은이와 (주)교유당에 있습니다.
  이 책 내용의 전부 또는 일부를 재사용하려면 반드시 양측의 서면 동의를 받아야 합니다.

이 책은 경기히든작가 선정작으로 경기도와 경기콘텐츠진흥원의 지원을 받았습니다.